本书得到以下单位资助出版：
☆内蒙古财经大学
☆中蒙俄经贸合作与草原丝绸之路经济带构建研究协同创新中心

内蒙古自治区
社会经济发展
蓝皮书

总主编 / 杜金柱　侯淑霞

内蒙古自治区

旅游产业发展报告（2016）

主　编 \ 李　雯　王香茜　刘丽梅
副主编 \ 杨智勇　王　雪　刘俊清　肇丹丹　杨　娇

THE TOURISM DEVELOPMENT REPORT ON INNER MONGOLIA (2016)

经济管理出版社
ECONOMY & MANAGEMENT PUBLISHING HOUSE

图书在版编目（CIP）数据

内蒙古自治区旅游产业发展报告(2016)/李雯，王香茜，刘丽梅主编．—北京：经济管理出版社，2017.1

ISBN 978-7-5096-4163-7

Ⅰ.①内… Ⅱ.①李… ②王… ③刘… Ⅲ.①地方旅游业—旅游业发展—研究报告—内蒙古—2016 Ⅳ.①F592.726

中国版本图书馆 CIP 数据核字(2015)第 311567 号

组稿编辑：王光艳
责任编辑：许　兵
责任印制：黄章平
责任校对：车立佳

出版发行：经济管理出版社
（北京市海淀区北蜂窝 8 号中雅大厦 A 座 11 层　100038）
网　　址：www.E-mp.com.cn
电　　话：(010) 51915602
印　　刷：北京九州迅驰传媒文化有限公司
经　　销：新华书店
开　　本：720mm×1000mm/16
印　　张：11.25
字　　数：204 千字
版　　次：2017 年 1 月第 1 版　　2017 年 1 月第 1 次印刷
书　　号：ISBN 978-7-5096-4163-7
定　　价：98.00 元

内蒙古自治区社会经济发展蓝皮书

编 委 会

总 序

2015 年，面对错综复杂的国际形势和艰巨繁重的国内改革发展稳定任务，内蒙古自治区各族人民在自治区党委、政府的正确领导下，深入学习贯彻党的十八大，十八届三中、四中、五中全会及习近平总书记系列重要讲话精神，按照“五位一体”总体布局和“四个全面”战略布局的总要求，牢固树立和贯彻落实创新、协调、绿色、开放、共享的发展理念，主动适应经济发展新常态。

《内蒙古自治区 2015 年国民经济和社会发展统计公报》显示，2015 年末全区常住人口为 2511.04 万人，比 2014 年增加 6.23 万人。人口自然增长率为 2.4‰。城镇化率达到 60.3%，比 2014 年提高 0.8 个百分点。全区实现地区生产总值 18032.8 亿元，按可比价格计算，比 2014 年增长 7.7%。全年居民消费价格总水平比 2014 年上涨 1.1%。年末全区城镇单位就业人员为 292.6 万人。年末城镇登记失业率为 3.65%。全年实现失业人员再就业人数为 6.1 万人。全年完成一般公共预算收入 1964.4 亿元，一般公共预算支出 4290.1 亿元，分别比 2014 年增长 6.5% 和 10.6%。财政收入在增收困难较大的情况下，顺利完成了全年增长目标。全年农作物总播种面积 756.8 万公顷，比 2014 年增长 2.9%。年末全区农牧业机械总动力为 3805.1 万千瓦，比 2014 年增长 4.8%；综合机械化水平达到 81.4%。全年全部工业增加值为 7939.2 亿元，比 2014 年增长 8.2%。全区规模以上工业企业实现主营业务收入 18522.7 亿元，比 2014 年下降 0.3%；实现利润 940.5 亿元，比 2014 年下降 23.8%。全年规模以上工业企业产品销售率为 96.6%，产成品库存额为 643.2 亿元，比 2014 年增长 0.7%。全年建筑业增加值为 1263.2 亿元，比 2014 年增长 6.7%。全年全社会固定资产投资总额为 13824.8 亿元，比 2014 年增长 14.5%。其中，500 万元以上项目完成固定资产投资 13651.7 亿元，比 2014 年增长 14.5%。新开工项目 12695 个，比 2014 年增长 2.4%；在建项目投资总规模 35672 亿元，比 2014 年下降 0.1%。全年社会消费品零售总额为 6107.7 亿元，比 2014 年增长 8.0%。全年海关进出口总额为 790.4

亿元，比2014年下降11.6%。全年实际使用外商直接投资额33.7亿美元，比2014年下降15.4%。全年完成货物运输总量20.9亿吨，比2014年增长2.1%。全年完成旅客运输总量19820万人，比2014年增长0.2%。年末全区民用汽车保有量为400.1万辆，比2014年增长7.6%；全年邮电业务总量（2010年不变价）为400.3亿元，比2014年增长19.1%。全年实现旅游总收入2257.1亿元，比2014年增长25.0%。接待入境旅游人数160.8万人次，比2014年下降3.8%；旅游外汇收入9.6亿美元，比2014年下降4.0%。国内旅游人数为8351.8万人次，比2014年增长12.6%；国内旅游收入为2193.8亿元，比2014年增长25.7%。年末全区金融机构人民币存款余额为18077.6亿元，全年新增存款1641.3亿元，比2014年增长11.0%。全年全体居民人均可支配收入为22310元，比2014年增长8.5%。数据显示，2015年内蒙古自治区社会经济总体发展实现了稳中有进、稳中有好、进中有创、创中提质的良好态势，结构调整出现积极变化，改革开放不断深化，民生事业持续进步，经济社会发展迈上新台阶，实现了“十二五”圆满收官，为“十三五”经济社会发展、决胜全面建成小康社会奠定了坚实基础。

为真实反映内蒙古自治区社会经济发展全景，为内蒙古自治区社会经济发展提供更多的智力支持和决策信息服务，2013年，由内蒙古财经大学组织校内学者编写了《内蒙古自治区社会经济发展研究报告丛书》，丛书自出版以来，受到社会各界的广泛关注，亦成为社会各界深入了解内蒙古自治区的一个重要窗口。2016年，面对新的社会经济发展形势，内蒙古财经大学的专家学者们再接再厉，推出全新的《内蒙古自治区社会经济发展蓝皮书》，丛书的质量和数量均有较大提升，力图准确诠释2015年内蒙古自治区社会经济发展的诸多细节，书目包括《内蒙古自治区区域经济综合竞争力发展报告（2016）》《内蒙古自治区文化产业发展报告（2016）》《内蒙古自治区旅游业发展报告（2016）》《内蒙古自治区社会保障发展报告（2016）》《内蒙古自治区财政发展报告（2016）》《内蒙古自治区能源发展报告（2016）》《内蒙古自治区金融发展报告（2016）》《内蒙古自治区投资发展报告（2016）》《内蒙古自治区对外经济贸易发展报告（2016）》《内蒙古自治区中小企业发展报告（2016）》《内蒙古自治区区域经济发展报告（2016）》《内蒙古自治区工业发展报告（2016）》《蒙古国经济发展现状与展望（2016）》《内蒙古自治区商标品牌发展（2016）》《内蒙古自治区惠农惠牧政策促进农牧民增收发展报告（2016）》《内蒙古自治区物流业发展报告（2016）》。

一个社会的存续与发展，有其特定的社会和经济形态，同时也离不开独有的思想意识、价值观念和技术手段。秉承社会主义核心价值观、使命意识和学术的职业要求是当代中国学者应有的担当，正是基于这样的基本态度，我们编撰了本套丛书，丛书崇尚学术精神，观点坚持学术视角，客观务实，兼容并蓄；内容上专业深入，丰富实用；兼具科学研究性、实际应用性、参考指导性，希望能给读者以启发和帮助。

丛书的研究成果或结论属个人或研究团队观点，不代表单位或官方结论。由于研究者水平有限，特别是当前复杂的世界政治经济形势下的社会演进节奏日新月异，对社会科学研究和发展走向的预测难度可想而知，因此书中结论难免存在不足之处，恳请读者指正。

编委会

2016. 8

前　言

内蒙古自治区位于祖国正北方，地域辽阔，横跨“三北”（东北、华北、西北），相邻八省（区），靠近京津，与蒙古国、俄罗斯接壤，边境线长4200公里，总面积118.3万平方公里，约占全国总面积的1/8，发展旅游业具有优越的地域优势和区位优势。

内蒙古自治区旅游资源得天独厚，核心旅游资源包含红山文化、辽文化、蒙元文化等历史文化资源，以蒙古族为代表的北方少数民族民俗文化资源及草原、沙漠、温泉、森林、冰雪等生态资源。

内蒙古自治区成立于1947年5月1日，是我国第一个少数民族自治区。现有蒙古族、达斡尔族、鄂温克族和鄂伦春族4个自治民族及汉族、满族、回族等共49个民族，总人口近2400万人；行政区划为9市3盟，共辖101个旗县（市）。

自1978年改革开放以来，内蒙古自治区旅游业经历了初期自发发展阶段（1979~1990年）、产业规模快速扩张阶段（1991~2003年）、规范化发展阶段（2004~2012年）、旅游转型升级阶段（2013年至今），目前已具有相当规模。截至2014年底，全区星级饭店332家，五星级10家，四星级38家；旅行社897家，出境社59家（赴台游旅行社6家），经营中俄、中蒙边境游旅行社34家（中俄边境游旅行社19家，中蒙边境游旅行社15家）；A级旅游景区321家，5A级2家，4A级78家。注册导游员13067名。旅游运输企业58家，旅游商品销售企业320家，旅游娱乐企业75家，星级家庭接待户381家。

2013年《内蒙古自治区旅游产业发展规划》明确要把内蒙古自治区建成“体现草原文化、独具北疆特色”的旅游观光、休闲度假基地，草原文化旅游大区和旅游经济强区的目标。

但是，内蒙古自治区旅游业的发展速度与规模，与国内先进省区相比较还有一定的差距。对此，内蒙古自治区政府在《内蒙古自治区旅游产业发展规划》，要求各地区、各部门加大实施力度，加快旅游精品建设，要重点抓好四大旅游区、十二个重点领域观光、休闲度假基地、四条旅游精品线路和五大旅游品牌营销工程建设。

《内蒙古自治区旅游产业发展报告（2014）》是在调研分析的基础上完成的，力求客观评价内蒙古自治区旅游业的发展现状及发展趋势，为政府制定旅游发展战略、发展政策提供参考依据，也为旅游企业管理者提供决策依据，同时，还是广大旅游研究人员的必备参考书。

本书共分为八章，分别从内蒙古自治区旅游业发展总体状况、行业发展（旅行社、酒店、景区、交通）、三大市场、旅游资源及对俄蒙的跨国旅游合作进行了综合、系统分析。每章都是一个独立专题。

本书各章由下列作者编写：第一章：杨智勇；第二章：王香茜；第三章：肇丹丹；第四章：王雪；第五章：刘俊清；第六章：游喜喜；第七章：杨娇；第八章：刘丽梅；硕士研究生孙瑞、闫高辉、刘慧君、葛欣、殷红霞、侯晓敏参与数据收集与处理。

由于编者水平有限，本书疏漏之处，敬请批评指正。本书在写作过程中，得到内蒙古自治区旅游局郭局长及各相关部门领导的指导帮助；借此机会，谨致谢忱。

编　者

2015 年 12 月

目　录

总报告

行业报告

专题报告

总报告

第一章

内蒙古自治区旅游产业发展总论

当前中国经济处于转型时期，我国把经济结构战略性调整作为加快转变经济发展方式的主攻方向，我国要实现由生产大国向消费大国转变。在这样一个大背景下，国家日益重视旅游业的发展。2013 年 2 月国务院发布《国民旅游休闲纲要》，进一步促进大众旅游消费；2014 年 7 月 2 日国务院常务会议指出，要着力推动旅游业转型升级，使旅游开发向资源节约和环境友好转型，旅游产品向观光、休闲、度假并重转变，旅游服务向优质高效提升。

内蒙古自治区作为边疆少数民族地区，拥有辽阔的草原、独特的民族风情，近年来在内蒙古自治区党委和政府的高度重视下，旅游业发展取得了可喜成绩。然而，当前区域旅游产业竞争日益激烈，内蒙古自治区旅游业发展仍处于相对落后的水平，内蒙古自治区旅游业今后该如何发展？本章从内蒙古自治区旅游业发展历程谈起，在分析内蒙古自治区旅游业发展现状的基础上，提出旅游业发展的建议。

一、内蒙古自治区旅游业历史回眸

内蒙古自治区旅游业起步于20世纪80年代初，其发展历程与我国的对外开放紧密联系，也是改革开放的巨大成就之一。经过30多年的发展，旅游业作为自治区第三产业的重要支柱，旅游产业规模不断扩大、地位进一步提升，已成为自治区国民经济新的增长点和现代服务业的重要组成部分。

从内蒙古自治区党委、政府对旅游产业发展政策以及投资规模变化因素，结合旅游业发展统计数据变化的现实情况，内蒙古自治区旅游业发展可划分为四个阶段：

（一）初期自发发展阶段（1979～1990年）

本阶段大约从1979年改革开放到20世纪90年代初。所谓的自发发展阶段，主要有以下几个特征：

1. 从客源主体来看

当时的游客主要是因公来内蒙古自治区访问的政务人员，以国际旅游为主，国内旅游未受重视，也未做相应的统计。来访的主要目的是政府公务，参观游览多安排在公务之余。因此，旅游接待人数在10多年间并没有多少增长，每年接待人次数一直徘徊在1万～2万人次，旅游年收入在100万美元上下波动。到1990年，内蒙古自治区10年间接待海外游客的总量也才只有13.74万人次，创汇925万美元。

2. 从旅游供给来看

接待设施和服务均属公务接待。当时的内蒙古自治区没有专门的旅游行业管理机构，外宾接待主要由外事部门负责，或委托旅行社接待，内宾主要由对口单位接待；食宿在政府宾馆或招待所。

3. 从旅游区域来看

受到交通和服务设施等因素的制约，旅游活动主要集中在内蒙古自治区的首府呼和浩特市和包头市等少数几个中心城市和口岸城市。这主要是因为公务访问和接待活动也主要集中在这几个区域。参观的景区景点主要是政府设立的接待点，在呼和浩特市周边，以草原旅游为主，希拉穆仁、辉腾锡勒、葛根塔拉等著名的草原旅游点在这一时期开发建设。

4. 从旅游经营主体来看

景区景点并不是在市场驱动下建设和运营的，而是为了满足政府的接待需要而设立的，建设和运营主体实际上是政府。在旅行社建设方面，此间虽成立了内蒙古中国国际旅行社、内蒙古中国旅行社和内蒙古中国青年旅行社，但均为国营，主要承担政府接待任务，少量的市场业务也主要来自行政事业单位。

（二）产业规模快速扩张阶段（1991～2003年）

从1991年开始，随着与邻国蒙古、俄罗斯双边关系的改善和沿边开放政策的实施，内蒙古自治区开展了中俄、中蒙边境贸易。来自俄罗斯、蒙古国两国的旅游者人数迅速增加，带动了全区国际旅游人数和创汇数的成倍增长。接待海外游客的人数由1991年的6.11万人次上升到2003年的41.36万人次；国际旅游创汇额由1991年的1220万美元提高到2003年的13386万美元。

与此同时，以近距离节假日旅游为主的国内旅游迅猛发展，有力促进了内蒙古自治区旅游产业规模的迅速扩大。国内旅游人数由1991年有正式统计数字的140万人次，迅速上升到2003年的994万人次。国内旅游收入由1.2亿元迅猛增长到83.29亿元。

这一时期旅游发展有如下特点：

1. 在市场增长驱动下，社会力量开始关注并自发进入旅游业

到2003年底，全区共有旅行社220家，其中国际旅行社29家，国内旅行社191家，旅行社职工人数达到1797人；全区星级宾馆达到152家，其中五星级酒店2家，四星级酒店5家，三星级酒店36家，二星级酒店88家，一星级酒店21家。旅游产品方面形成了东西两条旅游线路：西部线路以呼和浩特市为中心，辐射包头市、乌兰察布市、鄂尔多斯市，以草原、沙漠、蒙古族风情为特点；东部线路以海拉尔市为中心，辐射呼伦贝尔市全境，以自然风光、蒙古族、鄂伦春、鄂温克、达斡尔民族风情、口岸风景为特色。

2. 自治区政府和各盟市政府逐渐认识到发展旅游业的意义，开始重视旅游业的发展

1992年，自治区政府在外事办下设旅游局；1995年，旅游局作为独立的厅级机构成立。1998年，内蒙古自治区首次将旅游业纳入全区国民经济计划，当年旅游业总收入相当于第三产业增加值的5.5%，相当于全区GDP的1.71%，从而确立了旅游业的产业地位。

3. 旅游业的发展仍是市场化初期的粗放式发展，还未达到规范化发展程度

社会各界在旅游市场的推动下，虽已认识到旅游业是个发展潜力巨大的产业，但受旅游业发展的历史和眼界的局限，对旅游市场和旅游发展的规律还缺乏基本认识，因而无论是在资源、产品、市场开发上，还是在对旅游与环境、速度与效益的认识上，都还停留在自发发展阶段。在旅游资源开发上，还处在盲目开发阶段，认为资源即产品，资源即市场，既无规划，又无论证；在旅游产品开发

上，还处在资源开发与模仿开发阶段，近距离重复开发现象严重，雷同产品大量涌现；在市场开发上，还处在等客上门与漫天撒网阶段；在旅游方式组合上，还处在以接待团队旅游为主阶段；在旅游与环境关系的处理上，环境保护还未受到重视，过度开发现象严重，希拉穆仁等旅游景点的过度开发就是证明；在速度与效益的关系上，基本是高速低质，还处在规模扩张阶段；在企业竞争中，则主要是价格竞争，削价竞争成为最主要的竞争手段。所有这些都显现出了旅游产业规模扩张阶段的自发性特征。

（三）规范化发展阶段（2004~2012年）

进入21世纪以来，内蒙古自治区旅游业进入了规范化的自觉发展阶段。主要表现如下：

1. 内蒙古自治区旅游业的发展开始步入了规范化的轨道

内蒙古自治区政府成立了全区旅游产业发展指导委员会，加强对全区旅游工作的领导；拨专款委托中国科学院编制了《内蒙古自治区旅游业发展总体规划》，确立了全区旅游业发展目标、战略布局和发展重点；下发了《内蒙古自治区加快发展第三产业若干政策的规定》，制定了扶持旅游业发展的政策措施；自治区人大常委会修改颁布了《内蒙古自治区旅游管理条例》，为依法治旅提供有力的法规保障。“旅游发展，规划先行”已经得到全区各级政府和旅游企业的广泛认同，各地普遍加强旅游规划工作，形成了自上而下的旅游规划体系，为旅游业规范有序的健康发展奠定了基础。

2. 旅游精品战略得到有效实施，多元化的旅游产品体系基本确立

本阶段内蒙古自治区大力推进旅游精品工程，加大旅游产品的开发，建立了四大旅游区，从东到西推出了各具特色的四条精品旅游线路和一大批农家乐、牧家乐、林家乐旅游项目，形成了层次清晰、内容丰富的旅游线路产品。

初步形成了以精品旅游景区为龙头的独具特色的旅游产品群，如以成吉思汗陵旅游精品区为龙头的蒙古族历史文化旅游产品群；以格根塔拉草原旅游中心、呼和诺尔草原旅游中心为龙头的草原生态旅游产品群；以阿尔山—温泉度假旅游区为龙头的温泉、冰雪旅游产品群等。

（1）形成的四大旅游区：①中部历史与民俗文化都市圈旅游区。这一旅游区主要处于内蒙古自治区中部，在内蒙古自治区四大精品旅游区中占有重要地位，包括呼和浩特、包头、鄂尔多斯、乌兰察布和巴彦淖尔5个城市。这一旅游区依托的主要旅游资源是民俗文化、自然生态、都市风情等旅游资源，重点开发的旅游产品有民俗、历史文化、都市观光、休闲度假、民族风情和文化考古等。②东北部草原、森林和冰雪旅游区。这一旅游区北部与俄罗斯和蒙古国接壤，南

部与东北三省相邻，主要包括呼伦贝尔市、兴安盟以及通辽市的部分地区，总面积约为37万平方千米。该旅游区以海拉尔区、阿尔山市、科尔沁区和乌兰浩特市为客源组织中心，以东北地区为基本客源市场，形成环东北三省的旅游开发带，共有草原、森林、火山、温泉、河流、湿地、湖泊、冰雪、民俗、口岸等十余种旅游资源，旅游产品重点突出草原、森林、温泉、冰雪等自然生态，蒙古族、鄂伦春族、鄂温克族、达斡尔族等民俗文化，以及边境贸易等。③东部草原、民俗与辽文化旅游区。这一旅游区包括锡林郭勒盟、赤峰市和通辽市的部分地区，主要旅游资源包括独特的地质景观、蒙古族民俗和辽文化。目前，推出草原生态游、文化古迹游、民俗风情游、边境游等旅游产品。今后重点开发休闲度假游、自驾车游和自然科考游等产品。④西部沙漠和历史文化遗迹旅游区。这一旅游区包括阿拉善盟、乌海市。依托宗教寺庙、沙漠景观、丝路遗迹、航天科普、贺兰山和黑河胡杨林自然生态景观，重点发展沙漠、探险旅游、宗教朝圣旅游、丝路访古游以及生态、航天科普游。

（2）打造了四条旅游精品线路：①呼伦贝尔—兴安盟的草原、森林、冰雪、边贸旅游线路。该线路包括呼伦贝尔市、兴安盟和通辽市部分地区。以海拉尔、阿尔山市、科尔沁区和乌兰浩特市为客源组织中心。这一线路涵盖草原、森林、冰雪、火山、温泉、河流、湿地、湖泊、民俗和口岸十类旅游资源。②锡林浩特—赤峰的草原、蒙古族文化、辽文化、地质奇观、温泉度假线路。该旅游线路地跨锡林郭勒盟、赤峰市、通辽市3个盟市。旅游线路所经过的区域包括科尔沁草原、科尔沁沙地、巴林草原、浑善达克沙地、锡林郭勒草原、大兴安岭南段、燕山山脉余脉—七老图山等地理单元。③呼和浩特—包头—鄂尔多斯的蒙古族文化、草原、沙漠观光旅游线路。这条旅游线路包含了呼和浩特、包头、乌兰察布、巴彦淖尔和鄂尔多斯5个城市，有草原、沙漠、河流、湖泊、森林、民俗与民族文化、文物古迹、工农业成就等多种旅游资源，推出了自然观光、历史文化、民俗风情、工农业旅游、商务会展等多项旅游产品。④阿拉善盟的宗教朝圣、居延文化、航天科普、沙漠观光旅游线路。

这些旅游区、旅游精品线路的形成，为自治区旅游从资源优势转化为产品优势，进而形成经济优势起到了推动作用。

3. 旅游业快速稳步增长，现代旅游产业体系初步形成

这一阶段国际旅游市场持续增长，接待人数连创新高，旅游收入不断增加。国际旅游市场在保持俄罗斯、蒙古边境客源稳定的同时，重点加大了对港澳台地区及东亚地区的市场开发。截至2012年，全区旅游业总收入达到1403.46亿元，同比增长24.4%；国内旅游人数突破6612.76万人（次），同比增长12.3%；入境旅游人数达161.61万人次，旅游创汇9.62亿美元，均创历史新高。

4. 多元化、多渠道旅游投融资体系初步形成，旅游业各种所有制经济迅速增长

旅游发展专项资金从2000年的1000万元增加到2013年的3亿元，旅游的各项公共服务设施有了明显提升。

（四）旅游转型升级阶段（2013年至今）

内蒙古自治区旅游转型升级是在我国经济结构战略性调整、实现由生产大国向消费大国转变、国家推出国民休闲旅游的大背景下实施的。

2013年2月，国务院办公厅颁发《国民旅游休闲纲要（2013～2020年）》，2013年5月1日，《中华人民共和国旅游法》实施，2014年7月2日国务院常务会议指出，要着力推动旅游业转型升级，使旅游开发向资源节约和环境友好转型，旅游产品向观光、休闲、度假并重转变，旅游服务向优质高效提升。

适应国家旅游转型升级的战略部署，内蒙古自治区提出旅游业发展的总体思路："在国家旅游发展战略和自治区'8337'发展思路指引下，紧紧围绕旅游转型升级这条主线和不断提高内蒙古自治区旅游在全国的影响力这个主题，突出'草原文化、北疆特色、休闲度假'三个核心，以游客为本、市场为基、效益为先、品质为要，以系统支撑、政策创新、全面合作和企业壮大为保障，强力推进产品建设、市场促销、行业管理工作，争取到2020年左右，内蒙古自治区旅游业总收入与经济总量在全国位次同步跟进，为把内蒙古自治区建设成为草原文化旅游大区和旅游经济强区而努力奋斗。"

二、内蒙古自治区旅游业发展的现状及SWOT分析

内蒙古自治区旅游资源丰富，民族风情浓郁，近年来旅游业发展迅速，2014年，内蒙古自治区全年共接待旅游者7581万人次，同比增长12%，旅游业总收入1805亿元，同比增长28.63%，旅游在国民经济中的作用越来越显著。

（一）内蒙古自治区旅游业发展现状

1. 成就

（1）旅游产业体系形成一定规模。2014年内蒙古自治区全年共接待旅游者7581万人次，其中国内旅游者7414.9万人次，入境旅游者167.1万人次，分别是2000年的10.08倍和4.26倍；旅游总收入2014年达到1805.3亿元，其中国内旅游收入1745亿元，旅游创汇10亿美元，分别是2000年的52.51倍和7.91倍。见图1－1、图1－2和图1－3。

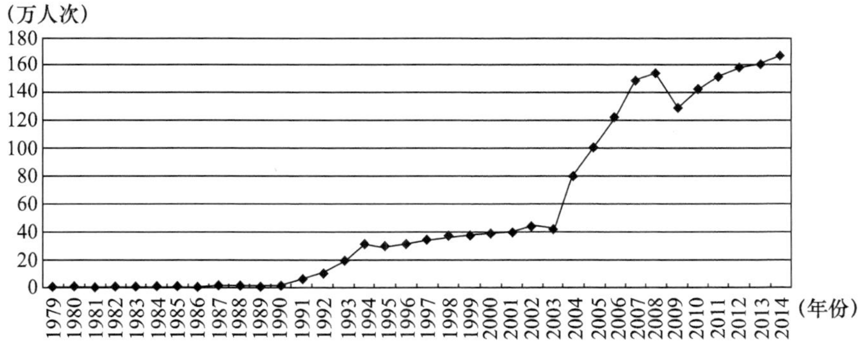

图 1-1 1979～2014 年内蒙古自治区入境旅游人数统计

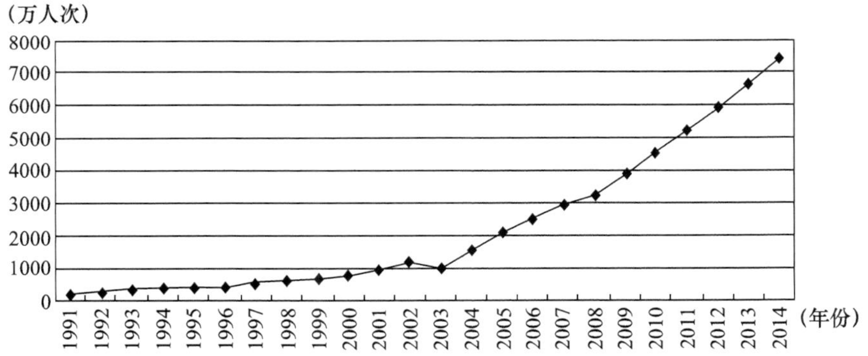

图 1-2 1991～2014 年内蒙古自治区国内旅游人数统计

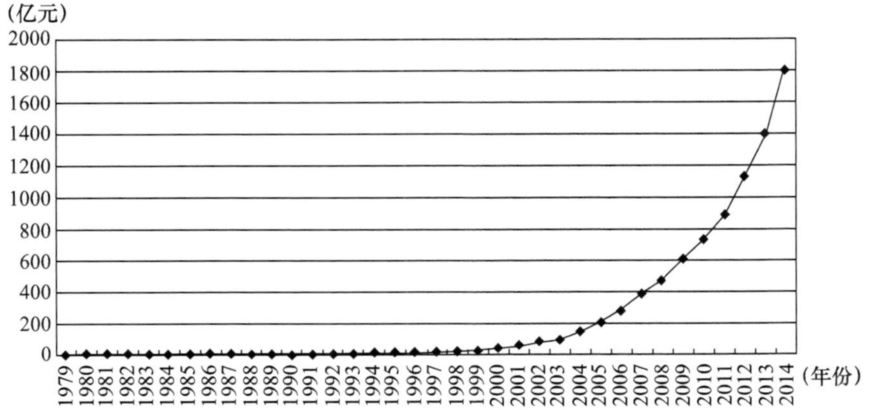

图 1-3 1979～2014 年内蒙古自治区旅游总收入统计

截至2014年底，全区星级饭店332家，五星级10家，四星级38家；旅行社897家，出境社59家（赴台游旅行社6家），经营中俄、中蒙边境游旅行社34家（中俄边境游旅行社19家，中蒙边境游旅行社15家）；A级旅游景区321家，5A级2家，4A级78家。注册导游员13067名。旅游运输企业58家，旅游商品销售企业320家，旅游娱乐企业75家，星级家庭接待户381家。

（2）旅游业支柱产业作用凸显。内蒙古自治区旅游业发展速度快于GDP增长速度，是国民经济中发展最快的部门之一。2014年，内蒙古自治区旅游总收入达到1805.3亿元，相当于第三产业增加值的26.07%，相当于当年GDP的10.15%。

内蒙古自治区旅游总收入水平进入21世纪以来一直保持较高的增长率，平均增长率达35.39%，除2008年、2011年低于当年GDP增长率，比GDP平均增长率18.89%高16.5个百分点。旅游业已经成为内蒙古自治区名副其实的支柱产业（见表1－1）。

表1－1　2000年以来内蒙古自治区旅游业总收入相当于GDP和第三产业增加值的比例

年份	旅游业总收入（亿元）	增长率（%）	GDP（亿元）	增长率（%）	旅游业总收入/GDP（%）	第三产业增加值（亿元）	增长率（%）	旅游业总收入/第三产业增加值（%）
2000	43.73	98.95	1539.12	11.58	2.84	605.74	15.17	7.22
2001	62.6	43.15	1713.81	11.35	3.65	699.24	15.44	8.95
2002	82.2	31.31	1940.94	13.25	4.24	811.47	16.05	10.13
2003	94.74	15.26	2388.38	23.05	3.97	1000.79	23.33	9.47
2004	145.01	53.06	3041.07	27.33	4.77	1270	26.90	11.42
2005	208.09	43.50	3905.03	28.41	5.33	1542.26	21.44	13.49
2006	279.71	34.42	4944.25	26.61	5.66	1934.35	25.42	14.46
2007	390.77	39.71	6423.18	29.91	6.08	2467.41	27.56	15.84
2008	468.85	19.98	8496.20	32.27	5.52	3212.06	30.18	14.60
2009	611.35	30.39	9740.25	14.64	6.28	3696.65	15.09	16.54
2010	732.7	19.85	11672.00	19.83	6.28	4209.02	13.86	17.41
2011	889.55	21.41	14246.11	22.05	6.24	4849.13	15.21	18.34
2012	1128	26.81	15988.34	12.23	7.06	5508.44	13.60	20.48
2013	1403.46	24.42	16832.38	5.28	8.34	6148.78	11.62	22.83
2014	1805.3	28.63	17769.5	5.57	10.15	6922.6	12.58	26.07

（3）旅游品牌正在形成。重点打造的草原文化、休闲度假、生态旅游和边境旅游四大旅游品牌，逐步成为内蒙古自治区国内旅游市场的主要吸引力。

（4）旅游领域不断拓宽。开发了乡村旅游、休闲农牧业、工业旅游、红色旅游、自驾车旅游、摄影旅游等旅游新业态。

2. *存在问题*

（1）旅游规模在全国排名较落后。近年来，内蒙古自治区旅游总人数和旅游业总收入在全国31个省区市中，一直居第25位左右，仍相对落后。

（2）旅游质量不高。2013年在自治区6774万人次游客中，以旅游为目的的游客占36.34%，低于全国平均水平20个百分点；以旅游为目的的游客在旅游景区人次均消费1900元，仅高于全国平均水平200元。总体水平仍处于从旅游观光向休闲度假过渡阶段。

（3）合作不畅。在部门合作方面，旅游概念和标准没能自觉融入各产业建设中，旅游被作为单独产业搁置，造成浪费和发展迟滞；在区域合作方面，以游客为核心标准的旅游线路和产品现实中被太多的区划和行政因素割裂，难以畅游。

（4）旅游交通瓶颈制约问题突出。内蒙古自治区为了增加旅游景区的可进入性，加大了对旅游交通的投入，旅游交通较过去已经有了很大改善。但自治区面积大，东西狭长，国省道连接重点景区公路、铁路密度、通用机场都达不到全国平均水平，交通成本高，可进入性差。

（5）旅游精品景区缺乏。内蒙古自治区目前5A级景区只有2家，缺乏具有一流开发水准、一流服务设施、一流管理水平，能够跻身全国前列的精品景区。大型的、规模化的、能延长旅游者停留时间的拳头度假旅游产品和专项旅游产品也相当缺乏，现有的一些度假旅游产品和专项旅游产品层次较低，尚未达到相关产品的标准，对游客吸引力不强。

（6）基础设施不完善。城市、线路和景区的公共服务设施不到位或不配套，难以形成高品质、高水平体系。

（7）文化内涵挖掘不充分。城市和景区的主题文化不突出，建设中抑制不住大而全和主观意志冲动，造成文化资源浪费，产品“四不像”。

（8）旅游资源空间组合欠佳，旅游淡旺季明显。内蒙古自治区旅游资源空间分布分散，各旅游区（点）之间空间距离大，聚合程度较差。相比较而言，游客花在路途的时间较长，区内旅游交通成本比重大，不利于组合旅游路线。

此外，内蒙古自治区核心产品草原的最好季节在每年的6～8月，其他季节具备核心竞争力的产品太少，造成严重的淡旺季反差，企业效益不可持续，品牌和龙头企业培育困难。

（9）旅游资源与环境保护形势依然严峻。草原、湖区（包括沙湖）自然环境十分脆弱，相当一部分热点旅游景区污染严重。主要表现为水体污染，空气质量下降，局部生态环境受到破坏。如希拉穆仁、辉腾锡勒、格根塔拉等开发较早的旅游景区，由于过度旅游接待，加上多年干旱少雨，已经出现了草原景观和生态环境严重退化问题。在一些自然保护区，由于不规范开发和盲目进行旅游设施建设，使核心区、缓冲区原有的生态环境受到威胁，甚至出现不同程度的退化。

（二）内蒙古自治区旅游业SWOT分析

1. 优势（Strength）

（1）地缘区位的优势。内蒙古自治区位于祖国北方，地域辽阔，横跨“三北”（东北、华北、西北），相邻八省（区），潜在的客源市场庞大，基本客源市场多元；与蒙古国、俄罗斯接壤，边境线长4200公里，满洲里、二连浩特两个口岸每年带来全区90%以上的国际客源人数；毗邻我国三大客源地之一的京津都市旅游圈，特别是赤峰市、锡林郭勒盟可直接纳入京津都市旅游圈的延伸区域；内蒙古自治区总面积约占全国总面积的1/8，发展旅游业具有优越的地域优势和区位优势。

（2）民族旅游资源的优势。旅游资源是内蒙古自治区的优势资源之一。内蒙古自治区积淀深厚的红山文化、蒙元文化、辽文化等历史文化；以蒙古族为代表的北方少数民族多姿多彩的民俗文化；草原、沙漠、温泉、森林等北国自然风光；夏季凉爽的气候、冬季形成的冰雪资源；现代经济发展造就的旅游城市及不断发展的边境口岸等构成内蒙古自治区旅游业发展的优势资源，为内蒙古自治区旅游开发奠定了良好的基础。草原是内蒙古自治区旅游资源的支柱类型，内蒙古自治区现有8667万公顷天然草场，占全国草原面积的21.7%，居全国五大草原之首；有森林1680万公顷，分布面积居全国第二位；有沙漠沙地3000余万公顷，面积居全国第二位；文化遗址1.5万余处，红山文化、大窑文化令世人瞩目。

（3）开发潜力与前景的优势。内蒙古自治区草原在世界享有盛誉，同时保留着大面积的原始森林、沙漠和荒地，保持着比较原始的自然生态环境，独特的动植物种群、广泛分布的湖泊、河流等都具有很大的潜力来吸引那些爱好自然、崇尚自然的游客以及更多的生态旅游者。内蒙古自治区有很多的历史古城，如果适时加以修缮、提名并对其历史意义进行宣传，将更加具有旅游潜力。成吉思汗举世闻名，在欧洲和亚洲一样具有影响力，他的历史将会吸引大量的海外游客到内蒙古自治区旅游，马可波罗也和本地区有着或多或少的联系，这样就又开辟了部分潜在的欧洲旅游市场。

（4）迟发展效应的后发优势。内蒙古自治区旅游业起步晚、基数低，从发展的角度来看，这既是当前的弱势，也是比较有利的方面。首先，东部在旅游产品开发方面积累了经验教训，具有明显的“溢出效应”，内蒙古自治区可以模仿、创新，减少失误、少走弯路，提高发展的工作质量。其次，发达地区和西部民族地区激烈的竞争，使内蒙古自治区产生一种巨大的要求加快民族旅游产品开发的心理压力和强烈愿望，并且转化为实现旅游经济赶超的强大原动力。此外，内蒙古自治区可以在我国现有旅游产品的市场基点上，高起点、高层次、高品位地规划开发旅游资源，保证旅游业的可持续发展。

（5）内蒙古自治区旅游资源与我国东部发达地区的市场具有互补性。内蒙古自治区的草原、沙漠、森林、冰雪等自然景观资源与北方少数民族风情资源及其小空间范围内的组合都是周边省区、东部各省所不具备的。此外，现代旅游寻求原生态、古朴，追求回归自然的旅游体验成为时尚和潮流，内蒙古自治区所拥有的森林、大漠、草原，原始、淳朴的民族风情、历史古迹等特色旅游资源，正好迎合了现代旅游需求这种取向和发展趋势，从而使内蒙古自治区与我国东部发达地区具有了资源和市场上的双重互补。

2. 劣势（Weaknesses）

（1）旅游资源空间组合欠佳。内蒙古自治区地域广阔，东西长 2400 公里，南北宽 1700 公里，旅游资源的空间分布比较分散，各类旅游景区（点）之间的空间距离较大，积聚程度较差。相比较而言，游客花费在路途上的时间较长，“行大于游”问题突出，区内旅游交通成本比重较大，不利于组合旅游线路。全区仅有十个城市设有民航机场，旅游配套设施简陋，档次低，不能满足旅游者日益增长的消费需求，这些都严重地制约了内蒙古自治区旅游的发展。

（2）旅游淡旺季明显。由于气候条件的制约，内蒙古自治区旅游淡旺季明显，大部分地区适宜旅游的天数只有 100 天左右，此时，旅游者纷至沓来，人满为患，服务接待设施和交通运输高度紧张。其间接待的游客占全年接待总数的 85% 以上，影响了旅游服务的质量；而淡季长达 6 个月，在此期间，则是游人寥寥，设施的大量闲置严重地影响旅游企业的经营和发展。这一直是困扰内蒙古自治区旅游发展的老大难问题，迄今没有得到很好的解决。

（3）旅游产品开发的总体水平仍然很低。自 1978 年改革开放以来，内蒙古自治区旅游业经历了起步、产业形成、纵深发展三个阶段，目前已具相当规模。但从全国发展水平来看，内蒙古自治区仍处于“弱势”地区。内蒙古自治区旅游产品开发的主打品牌以粗放开发的草原风光与民族风情为主，不论草原、沙漠或水域旅游产品都以蒙古风情为主，缺乏多元化；内蒙古自治区旅游产品整体以观光为主，缺乏参与性强的康体休闲项目，没有形成大型的、规模化的、能延长旅游者停留时间的拳头度假产品和专项旅游产品。

（4）旅游资源与生态环境保护形势严峻。内蒙古自治区在发展旅游业的同时也出现了诸如森林、草场遭人破坏，历史古迹保护不力，环境污染等问题。如开发较早的希拉穆仁、辉腾锡勒、格根塔拉等草原景观，由于旅游活动过度，加上多年气候干旱少雨等因素，已经出现了严重的草原景观和生态环境退化问题。内蒙古自治区旅游在很大程度上依赖其自然和文化环境的优势，但内蒙古自治区生态环境本底脆弱，很容易引起过度开发，对旅游业的可持续发展构成威胁。

（5）整合营销的大格局没有形成。旅游宣传促销的针对性、延伸性不够，整合营销的大格局没有形成。内蒙古自治区的草原风光、民族风情虽在国内外具有一定知名度，但从总体上看，将内蒙古自治区众多的旅游项目作为整体进行宣传、促销，还十分薄弱。例如，位于内蒙古自治区科左后旗的大青沟，是国家自然保护区，沟内气候宜人，沟底溪水常年不息，拥有原始森林 1000 多公顷，植物 700 多种，国家重点保护动物有 38 种之多。但是宣传力度有限，只在本地及周边地区知名，在国际、国内的知名度不高，极大地影响了该景区的建设与发展。

3. 机遇（Opportunities）

（1）大旅游社会气候的形成。旅游业的快速发展使得它已渗透到工业、农业、交通运输业、商贸餐饮业、市政基础设施等方方面面。大旅游、大市场、大产业的方向已基本形成。随着居民收入增加，生活水平的提高，交通工具多样化、快捷化、舒适化、轻松化、安全化，市场化、城市化进程加快，人们身心压力的增大，闲暇时间增多，旅游成为群众性、大众化的行动，旅游也进入了大众化消费的新阶段。旅游已经从社会时尚发展成为社会生活，旅游支出在社会公众消费支出所占的比例也不断提高，旅游已经成为我国居民的重要生活方式之一。

（2）国内外生态旅游发展的有利形势。从国际旅游的发展趋势上来看，基于生态和自然优势的旅游产品在世界范围内的需求与日俱增，特殊文化塑造的旅游产品越来越胜过自然风景产品，据世界旅游组织估计，目前生态旅游收入已占世界旅游业总收入的 15% ~20%，成为旅游业中增长最快的一部分。自 1999 “中国生态旅游年”国家旅游局推出全国“十大”生态旅游主题以来，生态旅游就成为我国许多地区旅游业发展的“热点”，四川九寨沟、云南迪庆、湖北神农架、甘肃新丝绸之路、长江三峡、内蒙古自治区呼伦贝尔草原、三亚南山等一批生态旅游重点景区已成为国内外游客向往的旅游胜地。所以内蒙古自治区发展生态旅游产品有极大的机会和潜力。

（3）政府一直以来对旅游业的高度重视。内蒙古自治区党委、政府历来十分重视旅游业发展，2002 年把旅游业确定为第三产业的龙头产业，2007 年确定为国民经济新的增长点，2012 年出台国务院文件的实施意见，特别是 2013 年“8337”发展思路提出，把内蒙古自治区建设成为“体现草原文化、独具北疆特色的旅游观光、休闲度假基地”，并要求把旅游业作为一项朝阳产业全力推进，把文化旅游业这篇文章做大做强做好。旅游基地成为“五大战略基地”之一，旅游业上升到自治区战略层面。

4. 内蒙古自治区旅游业的威胁（Threats）

（1）外部竞争方面的威胁。内蒙古自治区处于西部地区，西部地区属于民族聚居地区，少数民族众多，民族旅游资源具有一定的相似性、雷同性和替代性，加之西部各省均致力于开发民族旅游产品，对于内蒙古自治区民族旅游产品开发有极大替代和削弱影响，周边省市旅游的迅速发展和同类资源的激烈竞争都从一定程度上分散了客流。

（2）民族文化不良变迁的威胁。首先，蒙古族传统民俗风情的淡化。在长期接待来自不同地区和不同民族旅游者的过程中，旅游者带来的异地文化强烈冲击、影响着草原地区蒙古族的传统文化，其传统民俗风情也渐渐淡化。其次，淳朴的民俗民风商品化。草原蒙古族的古朴习俗是蒙古族民俗旅游的主要资源，具有不可替代性。在发展旅游过程中不加选择地将蒙古族的习俗礼仪包装成旅游商品出售给旅游者，使得这些特定含义的习俗礼仪商品化，失去其原有的意义。今天，内蒙古自治区境内的蒙古族人口中的绝大多数早已由从事游牧经济转变为从事农耕经济或农牧结合性经济，还有相当数量的蒙古族人进城从事各种职业而走向城市化。正是随着这种生产方式和生活方式的改变，很多蒙古族人的传统习惯开始发生变化，甚至相当数量的蒙古族人忘掉了自己民族的语言文字。

三、内蒙古自治区旅游产业发展的对策建议

当前内蒙古自治区的旅游业面临大好发展机遇，政府应该从贯彻实施《中华人民共和国旅游法》（以下简称《旅游法》）、旅游业转型升级、旅游融资、旅游资源开发、环境保护等方面推动内蒙古自治区旅游业发展。

（一）借《旅游法》实施之际推动内蒙古自治区旅游业的全面发展

2013 年 10 月 1 日起施行的《旅游法》以国家法律的形式，确认了国家发展旅游业的基本方针政策，是我国旅游法制建设的重要里程碑，对我国从旅游大国发展为旅游强国将发挥重要的积极作用。

《旅游法》第十七条规定：“国务院和县级以上地方人民政府应当将旅游业发展纳入国民经济和社会发展规划。”这从国家法律层面确立了旅游规划的法律

地位，也明确了各级政府在旅游规划中的作用，体现了对旅游规划的高度重视，这是一个历史性突破。国民经济和社会发展规划既是国家加强和改善宏观调控的重要手段，也是政府履行经济调节、市场监管、社会管理和公共服务职责的重要依据。科学编制并组织实施国民经济和社会发展规划，有利于合理有效地配置公共资源，引导市场发挥资源配置的基础性作用，促进国民经济持续、快速、协调、健康发展和社会全面进步。旅游业发展被纳入国民经济和社会发展规划，对于旅游业的发展将起着举足轻重的作用。

《旅游法》第十七条第二款规定："国务院和省、自治区、直辖市人民政府以及旅游资源丰富的设区的市和县级人民政府，应当按照国民经济和社会发展规划的要求，组织编制旅游发展规划。"目前，旅游规划编制主要是旅游主管部门主导的规划，而《旅游法》对于旅游规划编制的主体明确规定，是国务院和省、自治区、直辖市人民政府以及旅游资源丰富的设区的市和县级人民政府。规定从本质上解决了旅游规划的尴尬地位，提高了旅游规划的地位，有利于旅游业的整体发展。

《旅游法》第十九条规定："旅游发展规划应当与土地利用总体规划、城乡规划、环境保护规划以及其他自然资源和文物等人文资源的保护和利用规划相衔接。"判断旅游业是否被纳入国民经济和社会发展规划，一个标志就看各级人民政府编制的土地利用总体规划、城乡规划是否充分考虑旅游功能，或者是否为旅游项目和设施等预留了发展空间。只有这样，才能把《旅游法》的规定落到实处。

《旅游法》第二十二条规定："各级人民政府应当组织对本级政府编制的旅游发展规划的执行情况进行评估，并向社会公布。"旅游发展规划制定完成后，其实施效果如何，法律规定须由本级政府组织评估。

《旅游法》第二十四条规定："国务院和县级以上地方人民政府应当根据实际情况安排资金，加强旅游基础设施建设、旅游公共服务和旅游形象推广。"此规定为促进旅游业发展提供财政资金保障提供了法律依据。

以上《旅游法》的条款，从旅游业纳入国民经济和社会发展规划、提升旅游规划的法律地位、安排专项财政资金、加强旅游基础设施建设等方面推动旅游业的发展。内蒙古自治区旅游业应借《旅游法》实施之际推动全区旅游业的全面发展。

（二）持续推进旅游业转型升级

2014 年 7 月 2 日国务院常务会议指出，要着力推动旅游业转型升级，使旅游开发向资源节约和环境友好转型，旅游产品向观光、休闲、度假并重转变，旅游服务向优质高效提升。转变的核心取决于人们经济基础的提高和生活观念的转变，当然社会引导作为外因也是必不可少的。内蒙古自治区旅游产品的核心竞争力在草原生态和少数民族文化，以此为依托使内蒙古自治区的旅游产品向休闲度假、养生养老转型。

为此，必须着力解决理念上的四个问题：一是要更加突出游客的根本性。改变目前就资源做资源、长官意志、各行其是设计产品的现状，一切以游客为中心，游客喜欢的东西、愿意走的线路就是我们设计产品的准则，也是各级旅游工作者取得共识的基本依据。减少面面俱到和自我中心的争吵，凝聚力量做旅游。二是要更加突出市场的基础性。做旅游的基础力量是旅游企业而不是政府，水深水浅、市场冷暖需企业来体验，政府只需引导、服务和提供必要的公共产品，切忌大包大揽、横加干涉。三是要更加突出效益的先导性。以生态为核心资源的旅游，当游客达到一定数量时，重点要以收入为中心引导旅游发展。内蒙古自治区由于地域和交通等方面的原因，人次均消费 2030 元，高于全国平均水平 334（全国为 1697 元）元。但相对于内蒙古自治区极其脆弱的草原生态，在不宜引入超量游客的情况下，这个消费水平仍难以支撑内蒙古自治区旅游收入与经济总量在全国位次同步跟进所需要的跨越式发展，因此，在保护环境的前提下，须以收入为中心来谋划旅游发展方略。四是要更加突出品质的重要性。要下大力气扭转目前许多城镇和景区建设千篇一律、粗制滥造、浪费资源的现状，每个城镇、每个景区都要作为品牌来打造，在发展中不断转型升级，树立丰碑。

（三）扩大融资渠道，推动旅游资源开发

内蒙古自治区的旅游资源开发需要资金的支持，融资是重中之重。内蒙古自治区旅游业发展在较长的时期内，主要依靠财政性资金；在社会资金方面，较多地依靠信贷资金市场，较少地利用资本市场。旅游业与资本市场的结合较为松散，没有形成依赖自身的资本运作和外部资金投入产出的良性循环和自主发展。特别是许多企业过于依赖商业银行的贷款以及中央和地方政府的财政拨款，不仅融资渠道相对集中，而且融资规模和融资方式也十分有限。内蒙古自治区要出台更优惠的政策，真正做到你发财，我发展。政府要搭建统一、权威的旅游招商引资平台，通过招商引资的突破，带动项目建设的突破。

另外，要多渠道组织招商，积极参加有影响的招商活动，主动向国内外有实力的企业集团和民营企业推荐内蒙古自治区的重点项目，邀请国内外有实力的企业实地考察项目，洽谈旅游投资合作。

（四）深度开发旅游资源，打造名牌产品

要在丰富独特的旅游资源基础上，针对海内外旅游市场的需求导向，提升内

蒙古自治区旅游产品文化内涵，开发一系列的旅游精品，唤起旅游者共鸣，打造出独具特色的品牌旅游产品，才能持续吸引旅游者。

要突出特色，充分发挥内蒙古自治区旅游资源的景观多样性、不可替代性、原始神秘性的优势，围绕特色做文章，重点打好“民族文化牌”、“休闲度假牌”和“生态旅游牌”。充分利用民族文化旅游资源，夏季草原、冬季冰雪、长年温泉的度假旅游资源，草原、森林、湖泊、湿地、沙漠、地质奇观等生态旅游资源，以特色建设精品，尽快打造具有一流开发水准、一流服务设施、一流管理水平，能够跻身全国前列的精品景区。

（五）努力寻求系统支撑、政策创新、全面合作、企业壮大四个保障

1. 系统支撑

整体提升全区旅游工作水平，旅游系统的支撑力至关重要。提升支撑力主要涉及机制、资金和管理水平三个方面。内蒙古自治区比较重视旅游资金的投入，旅游发展专项资金从2000年的1000万元增加到2013年的3亿元，旅游的各项公共服务设施有了明显提升。管理水平涉及人员素质问题，有一个渐进过程。当前的关键是机制，由于全国、全区旅游从外事接待起步，旅游局从外事办的一个部门起步，这种历史发展的局限性，加之对旅游高速发展缺乏战略预判，旅游局从国家、自治区两个层面上就没有搭建起支撑旅游业大发展的框架，以致往下逐级萎缩，越来越不适应形势发展的需要。近年来，许多省份意识到了这个问题，快速加强旅游工作力量，旅游系统对旅游业发展支撑不足的局面正在发生变化。截至2013年，全国组建旅游委员会的省份已达5个，有的对专职委员还实行了原单位和旅游委员会双向考核，极大地加强了旅游工作力量。内蒙古自治区有的盟市如鄂尔多斯、呼伦贝尔市也正在发生变化，但总的看来，全区旅游系统仍处于大产业小部门状态，特别是自治区旅游局，机关只有5个内设机构（含机关党委），31名行政编制，没有信息中心，法规、统计、人事、教育、合作都处于一人兼职状态，是全国最小的局，支撑力严重不足。因此，建议旅游发展迅速、条件成熟的盟市政府将旅游局改组为旅游委员会，吸收发改、财政、交通、城建、文化、体育以及“一二三产”等相关部门分管副职为专职委员，实行原单位和旅游委员会双向考核，让目前必须由政府协调的工作回归到部门层面，党委、政府只需成立一个由副书记或政府常务副职任组长的领导小组，协调重大事项即可。

2. 政策创新

广泛收集整理全国、全区促进旅游业发展的政策措施，结合内蒙古自治区实际进行取舍、创新，在自治区2012年已出台《关于贯彻落实国务院加快发展旅

游业意见的实施意见》基础上，研究出台《内蒙古自治区进一步促进旅游业发展若干政策措施》，鼓励盟市出台有针对性的政策措施，力求在具体、可行、管用上取得突破。

3. 全面合作

合作包含三个方面，一是部门合作。要充分发挥旅游的综合和市场引领作用，全面加强部门合作。提请自治区政府出台《关于加强旅游与相关产业融合发展的意见》，整合文化、体育、交通、城建以及“一二三产”业各部门资源，以旅游的名义提升投资内涵，打造新业态，与市场连接形成新的经济增长点。特别是小城镇建设一定要突出主题文化，同时引入5A级景区的服务标准来承担游客集散中心的功能。二是区域合作。自治区要全面加强统筹，深入推进省际和盟市之间两个层面的合作。省际之间必须加强自治区统筹，同时鼓励盟市积极参与区域合作。要本着实事求是、互惠互利、方便操作的原则建立合作机制，加强交流，取得突破。三是国际合作，主要是对俄蒙合作。研究推动在中俄蒙边境100公里范围内，双方都具有较好旅游资源的口岸设立旅游合作区，如满洲里—红石、二连浩特—扎门乌德、阿尔山—松布尔等。经营好目前已批准的14条对蒙线路、5条对俄线路，深入研究开辟新的游客喜欢的跨境旅游线路。建立中俄蒙三国四地（内蒙古自治区、乌兰巴托、伊尔库茨克、乌兰乌德）旅游协作机制。

4. 企业壮大

近年来，内蒙古自治区旅游发展迅速，基本具备了组建不同层级旅游集团的条件，也有了一定的基础。截至2014年6月，全区已有旅游集团企业4家。当前要按照自治区党委领导关于“旅游工作要像三农工作一样，集中抓一批旅游龙头企业，带动促进该产业加快发展”的指示精神，一方面鼓励具有较强实力的民营企业带头组建股份制旅游产业集团；另一方面鼓励各级政府以现有旅游资产为依托，组建国有独资或国有控股的产业投资集团，形成投融资平台，集聚资金加快品牌或引导性景区建设，同时与各级政府呼应，大力开拓市场，引导旅游产业良性发展。

（六）加强生态环境保护

内蒙古自治区幅员辽阔，景观生态类型多样化，这是内蒙古自治区旅游业发展的基础，一定要在发展旅游追求经济效益的同时保护原生态的景观。内蒙古自治区旅游产品的开发，是以草原、森林、湖泊、湿地等景观环境为基本载体的，对生态环境具有高度的依存性。由于内蒙古自治区生态环境脆弱，区域性草原退化、沙化以及湖泊干枯等问题极为突出。不适当的旅游开发对草原生态环境破坏及其对旅游业自身发展的负面影响已屡见不鲜。

因此，在内蒙古自治区旅游业发展过程中，必须特别重视并致力于对旅游资源的保护和旅游生态环境的改善，把可持续发展原则贯彻到旅游业发展的始终。为此，一方面，要因地制宜制定新的资源开发利用模式，摒弃破坏性和不适当的开发方式；另一方面，政府要加强对区域性环境破坏问题的干预力度，避免区域性环境问题对旅游资源和旅游环境的不良影响。

行业报告

第二章

内蒙古自治区旅行社业发展报告

改革开放以来，伴随着中国旅游业的高速发展，旅行社行业发生了巨大的变化，特别是近十年来，行业规模不断扩大，从业人员不断增加，经营体制不断创新，经营环境不断改善，旅行社行业已经成为我国拉动经济增长、扩大就业渠道的重要服务行业之一。

内蒙古自治区旅行社业发展速度很快，自 1999 年以来，以年均超过 32.6% 的速度增长。根据内蒙古自治区旅游局的统计：1999 年全区共有旅行社 65 家，其中国内社 48 家，国际社 17 家；截至 2014 年底，全区旅行社总数为 897 家，其中，出境社 59 家（赴台游旅行社 6 家），经营中俄、中蒙边境游旅行社 34 家（中俄边境游旅行社 19 家，中蒙边境游旅行社 15 家）。

一、内蒙古自治区旅行社业的历史发展状况

旅行社，是指从事招徕、组织、接待旅游者等活动，为旅游者提供相关旅游服务，开展国内旅游业务、入境旅游业务或者出境旅游业务的企业法人。

（一）发展特点

1. 国外旅行社业发展状况

1841 年，托马斯·库克在伦敦组织的禁酒之旅成为旅行社业态的萌芽，也是现代旅游业的发端。1865 年，托马斯·库克正式在伦敦开设了自己的旅游办事处——托马斯·库克父子公司（又名通济隆旅行社），标志着世界上第一个以营利为目的的、向社会大众提供专业化旅游服务的机构正式成立。随着托马斯·库克旅游公司的发展壮大，越来越多的人们意识到了旅游需求蕴藏的巨大市场潜力和机会。20 世纪初，旅行社得到了更大的发展，美国的运通公司、英国的托马斯·库克公司和以比利时为主的铁路卧车公司成为当时世界旅行社行业的三大巨头。第二次世界大战后，旅行社行业进入了一个高速发展时期。

现阶段的世界旅行社业，不仅旅行社数目增加，规模也向两极集聚。大旅行社通过集团、跨国购并变得越来越大，中小旅行社占绝大多数，数目还在增加，并形成各种联合的形式。

（1）旅行社规模呈现两极分化态势。欧美旅游发达国家的旅行社进入 20 世纪 90 年代以来都十分明显地表现出两极分化的发展趋势，即以大规模旅行社和小规模旅行社为主共同构成旅行社行业。

（2）网络化经营普及，科技含量增大。在世界发达国家，计算机网络被广泛地运用于预订机票、酒店客房、交通工具等服务，同时，旅行社又通过计算机网络，一方面与相关企业实行即时业务联系，另一方面对企业内部实现科学管理，高速、快捷地完成交易票据分发和信息处理等日常事务，借助信息技术实现了旅行社的网络化经营。可以说，旅行社业务与现代科技的结合使旅行社的经营效率产生了质的飞跃，而电子计算机的广泛深入使用恰恰迎合了旅行社业务经营要求快、准、简的特点，使原本信息量庞大而且复杂的业务在最短时间内得到高效处理，也就使这种经营方式成为旅行社经营的主流方向。

（3）旅行社行业规模扩大，产业集中度提高。在发达国家，其制度环境决定了是由市场机制对资源的优化配置充分发挥作用。旅行社行业的规模是由旅游市场需求的规模而决定的，因而导致旅行社数量不断增加。现在一般平均每万人就拥有一家旅行社或旅行社经营网点，在欧美位于前十名的大型旅行社营业收入

均已占到其所在国旅行社营业收入总额的40%以上，这充分反映出旅行社行业的产业集中度大大提升，企业竞争实力大大增强。

2. 中国旅行社业发展状况

中国第一家旅行社成立于1923年，当时主持上海商业储蓄银行工作的陈光甫先生在上海创办了上海商业储蓄银行旅行部，开始为旅客代购车船票、预订旅馆、派遣导游、代管行李和发行旅行支票等。商业性的上海商业储蓄银行旅行部的成立，标志着中国近代旅游业的诞生，意味着中国旅游事业从此进入了一个新的历史阶段。

新中国成立后到1980年主要有三家旅行社：第一家旅行社——华侨旅行社于1949年11月19日成立于福建厦门，1974年更名为中国旅行社，主要接待来自中国大陆旅游的海外华侨、外籍华人、港澳同胞、台湾同胞；中国国际旅行社总社成立于1954年4月15日，其与上海、杭州等14个分社与支社，主要接待外国旅游者；中国青年旅行社成立于1980年6月，主要接待外国旅游者中的青年人。

20世纪90年代中后期，随着国民旅游热潮的兴起，春秋、众信、南湖国旅等民营旅行社崛起；21世纪以后，携程、去哪儿、艺龙等旅游电商兴起；如今，万达、中信、海航等产业资本在旅行社领域开始并购和重组。

旅行社行业形成和发展的主要历程：

第一阶段，行业的形成和初步发展阶段（1978～1989年）：三大旅行社及酒店、交通发展时期。

第二阶段，行业的增长阶段（1990～1994年）：三大市场形成及开始增长时期。

第三阶段，行业充分发展阶段（1995年至今）：垄断打破，法治逐步健全，基础设施不断完善，行业进入完全自由竞争。

中国旅行社的产业化进程是以1978年中国实行改革开放政策为起点的。在世界旅游业繁荣与发展的大背景下，以中国的改革开放为契机，在市场经济体制不断深化与广化的直接促进下，中国旅行社业从20世纪70年代末期开始了历史性的变迁进程。在这一进程中，突出的特征体现为以下三个方面：①从宏观的角度看是从事业向产业的转化。1978年以后，政府的行为重心从单纯的以政治为主，逐步转向以经济建设为主。②从微观的角度看则是旅行社企业化的过程。旅行社自主经营，自负盈亏，逐步参与国内国际间的竞争。③从行政管理的角度而言，就是从以行政管理为主向法制化、规范化行业管理的转变。

除此以外，还有其他一些特征，比如在市场化的过程中还可以区分从寡头垄断到垄断竞争再到完全竞争，从面向单一市场到面向多元市场；在企业化的过程中从经验管理转向科学管理等一系列明显的变革过程，但是从大的方面来看则主要是市场化、企业化和法制化的变革过程。

据国家旅游局发布2013年全国旅行社统计调查情况显示：截至2013年底，全国纳入统计范围的旅行社共有26054家，比2012年末增长4.5%。全国旅行社资产总额1039.77亿元，比2012年增长23.9%；各类旅行社共实现营业收入3599.14亿元，比2012年增长6.7%；营业税金及附加14.92亿元，比2012年增长1.4%。

2013年全年，全国旅行社共招徕入境游客1447.52万人次、6063.22万人天，均比2012年下降11.9%；经旅行社接待的入境游客为2047.15万人次、6667.75万人天，分别比2012年下降13.5%和14.2%。

2013年全年，全国旅行社共组织国内过夜游客12855.72万人次、40842.95万人天，分别比2012年下降10.5%和5.9%；经旅行社接待的国内过夜游客为14519.50万人次、33829.29万人天，分别比2012年下降10.9%和11.9%。

2013年度，全国旅行社国内旅游营业收入1762.11亿元，同比减少6.19%，占全国旅行社旅游业务营业收入总量的55.25%；国内旅游业务利润88.02亿元，同比增长1.15%，占全国旅行社旅游业务利润总量的54.24%。

2013年度，全国旅行社出境旅游营业收入1157.19亿元，同比增长23.62%，占全国旅行社旅游业务营业收入总量的36.28%；出境旅游业务利润为59.46亿元，同比增长33.11%，占全国旅行社旅游业务利润总量的36.64%。

2013年度，全国旅行社入境旅游营业收入270.15亿元，同比减少4.32%，占全国旅行社旅游业务营业收入总量的8.47%；入境旅游业务利润为14.80亿元，同比减少10.8%，占全国旅行社旅游业务利润总量的9.12%。

3. 内蒙古自治区旅行社业特点

内蒙古自治区旅行社业的发展历史较短，1978年创立了内蒙古自治区中国国际旅行社和内蒙古自治区中国旅行社，是自治区最早的旅行社，它们从事单一的事业性质的国际接待业务。1999年可以说是内蒙古自治区旅行社业真正发展的开端，之后国内旅游与国际旅游同时并举发展，各种民营旅行社也如雨后春笋般涌现。

（1）内蒙古自治区旅行社增长速度快。在最近10多年的时间，内蒙古自治区旅行社一直保持大幅稳步增长势头（见表2－1）。

据国家旅游局发布2013年全国旅行社统计调查情况显示：截至2013年底，全国旅行社总数为26054家，同比增长4.45%。宁夏、新疆生产建设兵团、贵州、山西和河南旅行社数量减少，减幅最大的宁夏回族自治区为5.94%；其余27个省份旅行社数量都有不同程度的增长，增幅最大的重庆市为15.86%，内蒙

表 2-1　内蒙古自治区旅行社业发展情况

年份	旅行社数量	增长率（%）
2001	141	—
2003	220	56.0
2005	404	83.6
2007	541	33.9
2009	616	13.9
2011	786	27.6
2013	879	11.8

资料来源：根据内蒙古自治区统计年鉴整理。

古自治区、海南省、北京市和天津市增长超过10%。有11个省份旅行社数量超过1000家，数量最多的江苏省为2073家；有9个省份旅行社数量少于500家，数量最少的新疆生产建设兵团为92家。

（2）地理分布及发展不均衡（见表2-2）。从全区旅行社的地理分布情况看，2013年底，东部地区旅行社共408家，占全区旅行社总数的46.4%，西部地区旅行社共471家，占53.6%，国内收入西部地区为762.84亿元，占全区国内总收入的56.8%，东部地区占43.2%；国际收入西部地区为21399万美元，占国际总收入的22.2%，东部地区为74830万美元，占77.8%。可以看出，旅行社的数量出现了地区的非均衡态势，仅呼和浩特、呼伦贝尔两市占全区的43.9%。东部区国际旅游发展较好，仅呼伦贝尔、锡林郭勒的国际收入占全区的73.1%，但是旅行社数量较少，尤其是国际组团社，截至2013年底，全区48家中，呼伦贝尔市2家，锡林郭勒盟为零。

表 2-2　2013年内蒙古自治区各地区旅行社单位数及国内、国际旅游收入

地区	旅行社数	国内旅游收入（亿元）	旅游外汇收入（万美元）
全区	879	1343.73	96229
呼和浩特市	212	285.45	10948
包头市	89	205.86	2341
呼伦贝尔市	174	251.33	44347
其中：满洲里	43	40.56	36566
赤峰市	67	103.52	2758
通辽市	30	56.48	1601
兴安盟	51	23.41	94

续表

地区	旅行社数	国内旅游收入（亿元）	旅游外汇收入（万美元）
锡林郭勒盟	38	167.20	26030
其中：二连浩特	5	21.05	23269
乌兰察布市	28	34.53	2305
鄂尔多斯市	88	151.03	2139
巴彦淖尔市	23	20.75	1853
阿拉善盟	16	23.84	1786
乌海市	15	20.33	27

资料来源：根据内蒙古自治区统计年鉴整理；2014 内蒙古自治区旅游统计便览。

（3）行业规模偏小，组织结构松散。2013 年，内蒙古自治区旅行社的数量约占全国的 3.37%（879/26054），但旅行社营业收入只占全国的 0.53%（18.9143268/3599.14），说明旅行社的总体规模偏小。目前，全区最大的旅行社——内蒙古自治区新世纪康辉国际旅行社年收入过亿元，也未形成集团化、规模化经营格局，其他旅行社基本各自为政，业务操作简单。根据 2013 年及以前年度全国旅行社年检报告，全国双百强旅行社，内蒙古自治区没有一家。2013 年，内蒙古自治区旅行社数量在全国排名第 12 位，旅行社营业收入在全国排名第 25 位，除西藏自治区、新疆生产建设兵团、宁夏回族自治区、新疆维吾尔自治区、甘肃省、贵州省之外排倒数第七名，属于综合发展水平较低，竞争力较弱的地区。

（4）旅行社客源开发力度不够。内蒙古自治区国内旅游的差距。2013 年内蒙古自治区接待国内旅游人数 747468 人次，只相当于北京市的 23.4%。旅游业务收入 189 亿元，全国倒数第五位，排在西藏自治区、青海省、宁夏回族自治区、吉林省之前。2013 年，内蒙古自治区旅行社营业收入 16.57 亿元，同比下降 19.68%，占全国营业收入的 0.46。

入境旅游人次的差距。2013 年，内蒙古自治区接待入境旅游过夜游客 161.61 万人次，只相当于西部省区云南省的 56.14%、广西壮族自治区的 57.36%。国际旅游创汇 9.62 亿美元，只相当于陕西省的 57.40%。2013 年，内蒙古自治区入境客源市场占全国比重 1.25%，而广东省占 26.33%，与旅游最强省差距甚大。内蒙古自治区入境旅游客源外国人占 96.10% 以上，而全国是港澳台地区居多，占总入境人次的 79.63% 以上，说明内蒙古自治区入境旅游市场中港澳台地区市场开发力度依然较差（见表 2－3）。

表 2-3 2005~2013 年内蒙古自治区入境旅游者情况

单位：万人次

年份	2005	2006	2007	2008	2009	2010	2011	2012	2013
入境旅游者	100.16	123.25	149.45	154.93	128.96	142.80	151.52	159.17	161.61
外国旅客	99.50	122.35	147.43	153.23	126.62	140.02	147.64	151.46	155.31
港澳地区旅客	0.55	0.45	1.46	1.18	1.64	1.78	2.35	5.76	3.75
台湾地区旅客	0.11	0.45	0.56	0.52	0.70	1.00	1.53	1.95	2.55

资料来源：根据内蒙古自治区统计年鉴整理。

（5）旅行社人才支撑不足，导游素质不高。内蒙古自治区旅游业已经形成了以草原观光、民俗体验、沙漠休闲、森林生态与边境旅游为主体的，具有内蒙古自治区特色的旅游产品体系。从 2002 年到 2013 年，内蒙古自治区旅游业总收入从 82.2 亿元增长到 1403 亿元，成为内蒙古自治区发展最快的产业之一。

随着内蒙古自治区旅游业的不断发展，对人才综合素质、业务能力也提出了更高的要求。然而，内蒙古自治区发展旅游的人才支撑严重不足。高级旅游人才的缺乏已经成为限制内蒙古自治区旅游业再上一个台阶的关键因素。

截至 2013 年，内蒙古自治区有注册导游员 19000 名，持证导游 13067 人，其中高级导游 10 名，中级导游 475 名，其余为初级，初级占 96%，导游从业三年左右的占 60%，青年人占 66%，女性占 78%。外语导游更是凤毛麟角，一些诸如韩语、法语等小语种导游寥寥无几，导游整体素质不高，大多只会导游词；持证导游中持证上岗率为 68.8%，报考导游的人数也是逐年下降，2013 年内蒙古自治区持证导游数量，仅高于西藏自治区、新疆维吾尔自治区、青海省、宁夏回族自治区四省区，排倒数第 5 位，处于下游水平。内蒙古自治区导游与旅行社关系松散，大多没有签订合同。没有具备资格的海外领队及特级导游。

（6）粗放经营，低价恶性竞争。内蒙古自治区旅行社进入增长阶段以来，旅行社的数量有了很大增长，从 1996 年的 63 家发展到 2013 年的 879 家（见表 2-4）。但是，单个旅行社的平均资产、年均收入、年均接待人数、年均直接从业人数等都没有很大增长，这表明，经过多年的发展，旅行社依然在低水平上发展，形成小散的市场格局。

总之，旅游需求的增长，旅游市场的扩大，带来的仅是旅行社的粗放式增长及旅行社数量的简单增长，最终形成旅行社小、散、弱、差，服务效率低下，行业恶性竞争的局面。

表 2-4　2011～2013 年内蒙古自治区旅行社业资产、收入、接待游客情况

年份	旅行社数量	资产总值（亿元）	资产均值（万元）	年均接待国内旅游人数（人次）	年均接待入境旅游人数	年均接待出境旅游人数	年均营业收入（万元）	年均直接从业人数
2011	786	6.24	739.89	927	433	50	246.31	9
2012	835	8.65	1035.93	969	387	65	265.49	9
2013	879	9.84	1092.12	850	286	85	183.91	6

资料来源：根据内蒙古自治区 2011 年、2012 年、2013 年全区旅行社统计调查工作情况通报整理。

（二）政策变化

内蒙古自治区旅行社产业的变化是随着 1985 年颁布的《旅行社管理暂行条例》、1996 年颁布的《旅行社管理条例》、2009 年颁布的《旅行社条例》及旅游行业其他相关的法律法规而发生变化的。

1. 产业政策

（1）平等对待所有市场主体，进入条件逐步放宽。旅行社的进入壁垒逐步降低。《旅行社管理条例》规定：国际旅行社，注册资本不得少于 150 万元；国内旅行社，注册资本不得少于 30 万元。关于质量保证金的规定：国际旅行社经营入境旅游业务的，交纳 60 万元；经营出境旅游业务的，交纳 100 万元；国内旅行社，交纳 10 万元。对于外资旅行社的审批也非常严格，条例规定：外资旅行社的设立需向国务院旅游行政主管部门和对外经济贸易主管部门提出，凭《旅行社业务经营许可证》和《外商投资企业批准证书》向工商行政管理机关办理外商投资旅行社的注册登记手续。2009 年颁布的《旅行社条例》在许多方面做了调整，如规定申请设立经营国内旅游业务和入境旅游业务的旅行社注册资本不少于 30 万元的，旅行社取得经营许可满两年，且未因侵害旅游者合法权益受到行政机关罚款以上处罚的，可以申请经营出境旅游业务。经营国内旅游业务和入境旅游业务的旅行社，应当存入质量保证金 20 万元；经营出境旅游业务的旅行社，应当增存质量保证金 120 万元。旅游主管部门取消所有制方面的限制门槛，鼓励民营经济通过新设、参股、控股、购并等途径进入旅行社业。

（2）建立更加开放的旅游市场体系。从 1985 年至今，我国旅行社行业分工经历了三次明显变化：第一次是以 1985 年《旅行社管理暂行条例》的颁布为标志的三类旅行社的划分；第二次是以 1996 年《旅行社管理条例》的颁布为标志的国际社与国内社的划分；第三次是 2009 年《旅行社条例》，取消沿用 22 年的旅行社分类制度，只存在业务范围划分，规定旅行社设立之初具有国内、入境业

务，两年之后没有罚款以上处罚的可以申请出境业务。分社网点采取备案制，鼓励旅行社设立分社、网点，最大限度地满足了旅游经营者做大做强的需求。准许其他企业、团体或者个人，以部门或者个人承包、挂靠的形式经营旅行社业务。

（3）调整出境旅游产业政策，从抑制型向促进型转变。中国公民的出境旅游开始于1984年国务院批准的赴港澳探亲游。1990年10月国家旅游局颁布《关于组织我国公民赴东南亚三国旅游的暂行管理办法》，1997年国务院与公安部共同发布关于《中国公民自费出国旅游管理暂行办法》，随着出境旅游产业政策调整，出境旅游从抑制型向促进型转变，标志着中国出境旅游市场的形成。2013年中国公民出境旅游目的地国达到150个，出境人数达到9818.52万人次。已建立起中国—东盟、中国—欧盟、中国—南太、中美、中俄、中澳、中日韩等一系列多双边旅游合作机制。

2. 外资企业

外商控股、独资旅行社的条件不断放开。

1993年的《关于国家旅游度假区内开办中外合资经营的第一类旅行社的审批管理暂行办法》规定，符合条件的中方和外国大旅行社或以旅行社为主要业务的旅游集团，可以在国家旅游度假区建立中外合资经营旅行社，合资双方和每个国家旅游度假区都只能试办一家，合资旅行社注册资金等条件要求远远高于内资旅行社，必须以招徕接待入境旅游为主要业务并有每年不少于5000人次的具体指标要求，合资旅行社不得在我国再行投资设立旅行社或旅行社分社。

1998年颁布《中外合资旅行社试点暂行办法》，申请设立合资旅行社，外国合营者应当符合下列条件：为经营国际旅游的旅行社或拥有全资的经营国际旅游的旅行社的企业；旅游业务年销售总额5000万美元以上；加入国际或本国的电脑预订网络，或者已经形成自己的电脑预订网络；为其本国旅游行业协会的正式会员。

1996年的《旅行社管理条例》规定：将中外合资旅行社空间范围从国家旅游度假区扩展到全国，在性质上也从试办变成建立，第一次降低注册资金和中外合资方的条件要求等，业务经营范围上也不再强调必须以招徕接待入境旅游为主，因此也没有具体数量指标要求，但仍然规定必须中方绝对控股。

前三个法规或规范性文件只允许设立中方控股的合资旅行社。

2003年发布《设立外商控股、外商独资旅行社暂行规定》则向外商控股的合资旅行社和外商独资旅行社敞开了大门，标志着我国旅行社业正式与国际接轨。

2009年《旅行社条例》规定外商投资旅行社不得经营出境旅游业务时，将“国务院决定或者我国签署的自由贸易协定和内地与香港、澳门关于建立更紧密经贸关系的安排另有规定的”排除在外。

2009 年 12 月 1 日出台的《国务院关于加快发展旅游业的意见》明确提出：“在试点的基础上，逐步对外商投资旅行社开放经营中国公民出境旅游业务。”2011 年 6 月，3 家中外合资旅行社获准试点经营中国公民出境游业务，开展中外合资旅行社经营出境旅游业务试点标志着我国旅行社和整个旅游市场彻底、全面对外开放的进程已经开始，此举将对旅行社业经营服务产生重大影响，通过开放市场可以提升产业素质和旅游服务质量。

3. 分工体系

旅行社的分工体系对旅行社的经济效益有一定影响。

（1）放宽旅行社垂直分工的行政制约，降低行业准入门槛，促进分工体系的调整。颁布《旅行社条例》，进一步构建市场化导向的产业分工体系。按旅游经营商或旅游批发商、旅游与旅行代理商的垂直分工分类体系，进一步规范旅行社进入与退出的管理机制，比如批发商或经营商的注册资金和质量保证金，以及违规处理办法等。降低旅游与旅行代理商，以及旅游经营商自设的分支代理机构降低进入的政策壁垒。

（2）进一步引导旅行社的差异化、品牌化、网络化经营。主要通过各种行政的、市场的手段让境内外不同所有制的其他行业的大型企业集团和投资主体进入到行业中来，或者购并大中型旅行社，或者通过大中型旅行社之间的市场行为，构建行业领导者；要鼓励大型旅行社进行关联型多元化发展，通过投资、合作等方式进入交通、景区景点、饭店等企业。从政府的角度来说，引导和扶持大型旅行社集团还包括综合利用各类政策促进中国旅行社业的国际化经营。

（3）《旅行社条例》统一了旅行社从事国内旅游业务和入境旅游业务的准入条件，大大降低了入境旅游市场的准入门槛；对旅行社质量保证金制度做出了调整和完善，创新性地出台了质量保证金动态管理制度，为分工体系的进一步调整打下坚实基础。

4. 企业制度

旅行社经过企业化阶段之后，20 世纪 90 年代后期，开始企业制度改革。

（1）国有旅行社的所有制改革与现代企业制度的建立。国有旅行社通过股份制或其他相关途径完成公司制改造，建立现代企业制度，完善了公司治理结构。各地旅行社通过各种形式的中外合资、多类型法人相互持股、员工持股、经理层持股等多种形式的改制途径。

（2）旅行社产业内外部资金的相互流动。通过旅行社产业内外部资金的流动，促进全国性的综合旅游批发商集团及区域性的专业化为特色的旅行社集团形成。

（3）深化产权改革，完善现代企业法人治理结构。旅行社致力于建立健全决策民主、运作科学的内部经营管理机制。在内部组织架构上，变以导游外联人员为中心向职业经理人员为中心。大力加强企业管理制度和企业文化的建设，构建企业的长期竞争优势和发展基础。

5. 行业管理

（1）政府主管部门的价值取向与行为导向。政府减少行政性审批环节和时间，加大了信息化平台、信息采集与公布、行业统一惯例等公共产品的供给。

（2）强化行业协会在市场规范与管理方面的作用。政府强化旅行社行业组织的独立地位，使其真正代表旅行社行业的整体利益。

（3）加强旅行社管理高层次人力资源培训工作。加大对旅行社经理人员的违规监管力度，加强培训工作和市场监管，营造环境，服务企业。

6. 经营策略

（1）树立全球化视角的战略观念。旅行社要有意识、有能力站在全球旅游市场发展和旅行社竞争的高度来思考自己的发展规划和管理战略。

（2）树立品牌竞争的意识。相对于价格竞争而言，品牌竞争既是旅行社在更高层面进行的竞争，也是中国旅行社业走出价格竞争低谷的有效途径。

（3）高度重视中国公民的国内旅游市场。中国公民的国内旅游既是中国旅游业的基础，也是中国旅行社与外资旅行社竞争的优势之所在。

（4）重视人力资源开发与使用，特别是高素质经理人员的激励机制建设。这里面有三个层面的问题，企业家和战略投资者层面、职业经理人的层面、企业经营领域的专业技术人员队伍。

（5）适应旅游者消费需求变迁，采取灵活多样的产品组合策略。针对旅游者消费模式的发展变化，中国旅行社的企业定位、产品组合和技术创新都需要做相应的调整。

（6）应用、推广和普及信息技术。信息技术的应用主要在企业内部管理，尤其是规模较大企业的内部管理、旅行社外部网络及互联网和通信技术整合营销系统，加强市场信息搜集、促销、分销与客户关系管理工作等。

二、内蒙古自治区旅行社业发展现状

（一）内蒙古自治区旅行社业基本状况

1. 2014 年旅行社单位数及国内国际旅游收入

2014 年内蒙古自治区旅行社的具体情况见表 2－5。

表 2－5　2014 年旅行社单位数及国内国际旅游收入

地区	旅行社数量	国内旅游收入（亿元）	旅游外汇收入（万美元）
全区	897	1744.97	100295
呼和浩特市	217	373.25	12480.13
包头市	93	260.32	5141.56
呼伦贝尔市	182	338.96	41912.457
其中：满洲里	49	58.93	32117.37
赤峰市	69	133.24	3377.02
通辽市	28	72.66	1901.628
兴安盟	56	30.38	108.137
锡林郭勒盟	37	213.46	23912.8
其中：二连浩特	6	27.63	20495.81
乌兰察布市	30	43.64	3189.64
鄂尔多斯市	74	195.59	2507.338
巴彦淖尔市	24	26.79	2635.099
阿拉善盟	17	30.84	3082.95
乌海市	15	25.84	46.625

资料来源：①根据内蒙古自治区统计年鉴整理；②内蒙古自治区旅游局调研数据整理。

2. 2014 年内蒙古旅行社三大市场状况

据国家统计局发布的《2014 年国民经济和社会发展统计公报》数据显示：2014 年全年国内游客 36.1 亿人次，比 2013 年增长 10.7%，国内旅游收入 30312 亿元，增长 15.4%。入境游客 12849 万人次，下降 0.5%。其中，外国游客 2636 万人次，增长 0.3%；香港、澳门和台湾地区游客 10213 万人次，下降 0.6%。在入境游客中，过夜游客 5562 万人次，与 2013 年基本持平。国际旅游外汇收入 569 亿美元，增长 10.2%。国内居民出境 11659 万人次，增长 18.7%，其中因私出境 11003 万人次，增长 19.6%。具体见表 2－6。

表 2－6　2014 年全国及内蒙古自治区旅行社三大市场状况比较

三大旅游市场	国内	出境	入境
全国旅游市场（万人次）	361000	11659	12849
与上年同比（%）	+10.7	+18.7	-0.5

续表

三大旅游市场		国内	出境	入境
全国旅行社市场（万人次）		138500	3839	1978
与上年同比（%）		+1.53	+17.88	-5.14
内蒙古自治区旅游市场（万人次）		7414	64	167
与上年同比（%）		+12.13	+28.88	+3.4%
内蒙古自治区旅行社市场（万人次）		157.33	9.64	18.74
与上年同比（%）		+111.66	+29.57	-57.40
旅行社占同类旅游市场（%）	全国	38	33	15
	内蒙古	2.12	15.06	11.22

注：2014 年，全国旅行社总计 26598 家，内蒙古自治区旅行社总计 897 家。

资料来源：①根据国家旅游局 2014 年第一季度、第二季度、第三季度、第四季度全国旅行社统计公报；②2014 年国民经济和社会发展统计公报；③2015 年内蒙古自治区旅游工作会议文件。

2015 年 3 月 11 日，内蒙古自治区 2015 年旅游工作会议公布：2014 年共接待旅游者 7581 万人次，同比增长 12%；旅游业总收入 1805 亿元，同比增长 28.63%。其中国内旅游人数 7414 万人次，同比增长 12.13%；国内旅游收入 1745 亿元，同比增长 29.86%；接待入境旅游者 167 万人次，同比增长 3.4%；入境创汇 10 亿美元，同比增长 4.2%。其中蒙古游客总量微增，俄罗斯游客略有下降，港澳台地区游客尤其是香港地区游客增长幅度较大，为 24.21%。在中国入境旅游人次下降的趋势下，2014 年内蒙古自治区入境旅游仍保持小幅增长。

2014 年内蒙古自治区旅行社三大市场喜忧参半。2014 年内蒙古旅行社国内接待与 2013 年同期比较增长 111.66%，成绩突出。然而，内蒙古旅行社国内旅游接待仅占内蒙古自治区同类市场 2.12%，与全国旅行社与同类市场 38% 相比较，差距较大；2014 年内蒙古旅行社入境旅游市场接待 18.74 万人次，比 2013 年同期减少 6.44 万人次、下降 57.40%，与全国旅游同类市场比较降幅较大；2014 年内蒙古旅行社出境游接待与 2013 年同期相比增长 29.57%，高于全国 17.88 的比率，然而，却仅占内蒙古自治区同类旅游市场的 15.06%，更低于全国 33% 的比率。

（二）管理措施

1. 旅行社审批制度改革

2009 年《旅行社条例》只对旅行社设立许可的方式、程序和时限做了规定，即设立旅行社向所在地省级旅游局或其委托的市地州级旅游局提出申请，由其在

20 个工作日内做出许可或者不予许可的决定；予以许可的，颁发旅行社业务经营许可证，申请人持许可证到工商部门办理设立登记；不予许可的，书面通知申请人并说明理由。

对照修订前的 1996 年《旅行社管理条例》，一个重大调整就是取消了旅游行政管理部门审核许可的原则。此外，新条例还将旅游审批（许可）并颁发许可证的时限由 30 个工作日改为 20 个工作日，将审批改为许可。

法规的这一改革，其重大意义就在于贯彻落实国务院关于投资体制改革的决定，按照“谁投资、谁决策、谁受益、谁承担风险”的原则，将旅行社投资设立的主导权从旅游行政管理部门转交到投资人。

2014 年，按照《内蒙古自治区党委贯彻落实中共中央全面深化改革若干重大问题决定的意见》精神，制作使用了新版《申请设立旅行社报告书》，取消了旅行社验资证明和营业场所基本面积与租赁或自有签字要求，减少了前置条件和审批环节，向呼和浩特市、满洲里市、二连浩特市下放了一般旅行社审批权，是对《旅行社条例》的进一步贯彻执行。

2. 新版旅游合同示范文本

从 2014 年 4 月 17 日起，新版旅游合同示范文本发布，是贯彻落实《旅游法》的重要举措。具体包括 2014 年版《团队境内旅游合同（示范文本）》、《团队出境旅游合同（示范文本）》、《大陆居民赴台湾地区旅游合同（示范文本）》和《境内旅游组团社与地接社合同（示范文本）》。之前使用的是 2010 年版《团队国内旅游合同》、《团队出境旅游合同》、《大陆居民赴台湾地区旅游合同》和 2012 年版《国内旅游组团社与地接社合同》四个文本。

新版旅游合同示范文本根据《旅游法》的要求，作出的改动和完善最突出的有以下三点：

（1）增加旅游者拒绝权。对安排购物活动、另行付费旅游项目在原则和方式上设定了约束性条款。在双方的权利义务当中，增加了旅游者的拒绝权和旅行社不得以不合理低价组织旅游活动，诱骗旅游者，并通过安排购物或另行付费旅游项目获取回扣等不正当利益的义务，明确了旅行社不履行义务的违约责任；在协议条款部分，突出表达双方就购物活动、另行付费旅游项目要达成一致，另增加补充协议对具体行为进行约定。

（2）旅游者任意解除权成了可操作约定条款。根据《旅游法》全面修改了合同解除的内容。将法律赋予旅游者的任意解除权和旅行社法定单方解除合同情形转化成了可操作的约定条款，对因不可抗力或者已尽合理注意义务不能避免的事件解除合同费用的承担作出了约定，明确了《旅游法》规定的“必要的费用”的计算方法，增加了合同解除后旅行社的附随义务。

（3）拒绝履行合同旅游者可要求旅行社支付 1 ~3 倍赔偿金。增加了惩罚性赔偿责任。针对旅行社具备履行条件，经旅游者要求仍拒绝履行合同义务，造成旅游者人身损害、滞留等严重后果的情形，示范文本约定旅游者还可以要求旅行社支付旅游费用 1 ~3 倍的赔偿金。

3. 落实分社和网点设立政策

为了贯彻《国务院关于促进旅游业改革发展的若干意见》，切实按照《旅行社条例》的要求，依法依规做好分社和服务网点的备案工作。旅行社设立分社网点的具体规定如下：

（1）设立范围。根据《旅行社条例》第十条的规定，旅行社分社的设立不受地域限制，即分社可以在设立社所在行政区域内设立，也可以在全国范围内设立。

（2）设立数量。《旅行社条例》和《旅行社条例实施细则》均没有对旅行社设立分社数量做限制，旅行社设立分社的数量，包括在同一区域、同一城市设立分社的数量，由旅行社根据经营服务的需要决定。

（3）经营范围。根据《旅行社条例》第十条的规定，分社的经营范围不得超出设立分社的旅行社的经营范围。经营出境旅游业务的旅行社既可设立只经营国内旅游业务和入境旅游业务的分社，也可以设立只经营出境旅游业务的分社，还可以设立经营国内、入境和出境旅游业务的分社，增存的质量保证金分别为 5 万元、30 万元、35 万元。

（4）赴台游旅行社跨省级行政区域设立的分社，一律不得经营赴台游业务，在本省级行政区域内设立的分社只能从事赴台游客招徕业务。

（5）质量保证金管辖地。根据《旅行社条例》第十四条的规定，旅行社设立分社应当向总社质量保证金账户增存相应数量的质量保证金，而非在分社设立地开设质量保证金账户增存质量保证金。

4. 对台旅游宣传促销

2014 年 11 月 7 日至 10 日，第九届海峡两岸台北旅游展在台北世贸中心举办。通过参加本届海峡两岸台北旅游展及举办内蒙古自治区旅游推介会，进一步扩大了内蒙古自治区旅游在台湾地区的影响力和知名度。参展期间，通过业务对接和走访等形式，自治区旅游局收集了很多台湾旅游资料，深入了解内蒙古自治区赴台旅游和台湾居民到内蒙古自治区旅游的不同需求，为开拓台湾市场和规范赴台旅游奠定了坚实的基础。

自 2008 年 6 月，海峡两岸旅游交流协会公布第一批指定经营大陆居民赴台旅游业务旅行社名单以来，大陆居民赴台旅游正式启动并快速发展。2010 年内蒙古自治区正式开始赴台旅游业务，2012 年 5 月，呼和浩特市、海拉尔市开通了至台北的直线航班。随着赴台旅游的快速发展，自治区旅游局积极维护赴台旅游秩序，不断加大对台旅游宣传促销，台湾地区居民到内蒙古自治区旅游人数呈现逐年增长态势，2012 年内蒙古自治区接待台湾地区游客 19493 人次，2013 年为 25506 人次，2014 年为 26451 人次。

内蒙古自治区目前有 6 家旅行社具有赴台资格，分别是内蒙古新世纪康辉国际旅行社有限责任公司、赤峰国际旅行社有限公司、呼伦贝尔市经典假日国际旅行社有限责任公司、内蒙古中国旅行社有限责任公司、内蒙古五洲国际旅行社有限责任公司、内蒙古春秋国际旅行社有限公司。

2014 年，6 家赴台社共组织赴台旅游 43587 人次，在 2013 年的基础上增长 195%；台湾地区来内蒙古自治区旅游 26451 人次，增长 3.71%。

5. 智慧旅游年

2014 年是内蒙古自治区智慧旅游的启动之年。智慧旅游是指利用云计算、物联网等新技术，通过互联网或者移动互联网，借助便携的终端上网设备，主动感知旅游资源、旅游经济、旅游活动、旅游者等方面的信息，及时发布，让人们能够及时了解这些信息，及时安排和调整工作与旅游计划，从而达到对各类旅游信息的智能感知、方便利用的效果。

现在的旅游产品由传统旅行社、在线企业以及部分企业 APP 向游客提供服务。过去，游客只要满足“吃住行游购娱”的需求，现在还需满足查询、咨询、预订、分享、投诉等互动需求。由于以往内蒙古自治区的智慧旅游水平、网站和信息化建设太滞后，导致了相关合作的滞后。通过 2014 年智慧旅游的启动，逐步实现智慧管理、智慧服务、智慧营销，同时，内蒙古自治区将建立和完善资讯网和政务网，以便为更多网站提供随时更新的资讯，在此基础之上，还要与一些成熟的网站进行专题合作，利用市场化的手段来推广内蒙古自治区旅游的品牌。

三、内蒙古自治区旅行社业发展趋势及对策

根据中国旅游研究院调研，从旅行社业务经营主体的角度来估测（包括以旅行社部门、办事处等形式存在的旅行社企业组织，以及会展机构、网站、俱乐部等未取得旅行社经营权的经营实体），目前全国实际的旅行社业务经营主体超过 7 万家，这些产业组织共同构成了现代旅行服务业的主体。

随着互联网的迅猛发展，在线旅游业务快速渗透。酒店和机票是最先被在线化的旅游产品品类，此外，旅游度假产品、租车、景区门票、签证等产品进入了快速在线化的进程。这些业务的经营主体，使得过去未纳入旅行社类别的多种旅游服务机构开始进入旅游服务业的范畴，传统旅行社的业务不断被新兴产业主体

侵蚀，旅行社的外延正在经历被动扩充的历史阶段。

过去的旅行社是在整个社会依托体系和接待设施不健全的大环境下，为适应涉外接待要求而发展起来的商业主体。随着21世纪以来国民旅游消费需求的崛起，老百姓的消费需求和社会便利程度已经发生了巨变，而我们还在使用传统的方式应对变化的市场，这种商业的脱节表现为旅行社应对市场的普遍失措。以大数据、移动终端为代表的技术进步以及青年一代价值观、消费需求的变化大大加剧了旅行社市场的变革，传统旅行社受制于沉没成本及滞后的政府行业管制，不但没有抓住变革时机，实际上还增加了对既有旅行社形态的黏着。新兴的在线旅游市场主体不但满足了新增的市场存量，更进一步挤占了传统旅行社的存量。传统旅行社业务的不景气与在线旅游市场主体不断的市场侵蚀过程，造成了旅行社行业普遍的焦虑。

2014年是中国旅行社业的重要一年。在游客消费行为散客化、商业模式在线化的双重影响下，传统旅行社业正在淡出旅游经济体系的核心位置。基于第三次产业革命的旅行服务创新进程蓬勃发展则预示着一个旅游组织方式系统变革的时代正在到来，传统旅行社与旅行服务新业态的融合发展成为趋势。2014年旅行社行业包括了线上的旅游产业、在线和非在线的旅行社行业融合发展是大势所趋。

自此，旅行社成为国际旅游经济系统中的代表业态，并随旅游市场的繁荣扩张而不断发展、演化和创新：旅游批发商、旅游经营商、旅游代理商、旅游组团社、旅游接待社、门市部、全包价、半包价、小包价、单项服务代理，区域旅行社、国内旅行社、跨国旅游集团、传统旅行社、在线旅行社、旅行相关服务机构等。

（一）发展趋势

旅行社业发展的趋势背景是持续增长的出境旅游、消费服务业的崛起及OTO的商业融合。OTO商业模式分成两个层面，即“Offline To Online”（“线下到线上”）和“Online To Offline”（“线上到线下”），企业可以在不同的运营时期用不同的OTO融合模式。旅游OTO是实践移动化与旅游相结合最好的方式，只有充分发展的旅游OTO才能实现旅游业所期望的“智慧旅游”。

中国旅游研究院杨彦锋博士认为旅行社行业未来发展的趋势如下：

第一，传统旅行社开始构建自己的网络平台，如国旅在线、遨游网、芒果网和新芒果。

第二，资源型旅行社并购成为趋势。近期比较多的并购是携程、众信共同并购了华远旅行社，目前旅行社的并购进入第二阶段。第一阶段谁有销量买谁，第二阶段谁有库存买谁，第三阶段有可能会是偏向大数据或者操作系统的并购。

第三，特价和尾单市场将趋热。特价和尾单市场潜力巨大，爱旅行、来来汇、途牛曾经一度做过旅游行业的唯品汇的概念，融资1000万元，爱旅行也到了顶点，当然特价市场容量有限，未来预售或者供应链整合或有发展。

第四，团队游仍有市场，与区域下沉、航线增长和二线、三线、四线市场消费的增加有关。参考途牛，旅游出发地达到95个，略少于携程，这是一个非常重要的趋势。

第五，入口多元化。过去非常依赖百度入口，现在APP正成为主流，其次微信等很多入口也成为发展的趋势。从百事通、掌旅通的发展战略可以看出，上线仅三个月多一点，APP安装成绩接近2万个，9万个客户通过APP下单成交，线上营业额突破1.3亿元，从这点来看它已经是一个典型的线上企业。

第六，周边游旅客单价长尾市场增长。度周末、周末去哪儿玩、我要出发这几个企业有较强的区域性，比如周末去哪儿是在上海，周末去哪儿玩是在北京，我要出发是在广州，有一定的区域性，而且有增长非常高的市场。

第七，PTP和分享经济，一个是“去哪儿”的当地人，还有“携程”的本地人。艺龙组建中欧旅游同学会，首次披露了艺龙的投资思路，PTP和分享经济出现，有可能出现在住宿也有可能出现在导游，现在PTP导游的企业有金牌导游、王子地球、阳光假期等，实际上运营的还有十家左右。

第八，目的地旅游业是一个重要趋势，在互联网发展当中对于旅行社而言最关键的一个词语是去中心化，中心阶段受到压缩，芒果网连续获得两轮融资专门做美洲自由行，剩下的还有在路上、海王。

（二）发展对策

内蒙古自治区旅行社业的发展既要注重根据存在的问题寻找适宜对策，如均衡东西部的发展，寻求旅行社分工体系的变革，挖掘客源开拓市场，强化旅游人才队伍建设；又要根据趋势变化，抓住机遇迎头赶上。具体措施如下：

1. 旅游OTO融合

OTO是指通过线上购买，线下体验，线下与线上结合的模式。旅游行业可以完美地通过OTO模式进行结合，旅游业的发展也适应这种模式。从百度的直达号，去哪儿的投资号码百事通，旅游业六大要素线上和线下结合逐渐走向深入，驴妈妈和携程都明确表示旅游OTO的发展方向，旅游业的OTO是大势所趋。

对于内蒙古自治区旅游OTO，完善线上线下的一体化，线上和线下缺一不可，需要紧密结合，线上可以随时随地地浏览、参考、预定、支付、评价旅游产品，线下可以让客户亲自感受无形的服务，从而增进感情，加强联系，也就是线上信息流加线下服务流相互支撑。通过完善线上的营销推广，对酒店、餐饮、交通、景区和旅游相关方面建立完善的电子网络和统一的平台，政府主导搭建智慧旅游平台建立畅通无阻的信息流。其次完善线下服务环节，完善服务细节，在整个线下的旅游过程中使服务规范化、流程化，建立一套有效的机制。从而体验完美周到的服务，推广内蒙古自治区旅游品牌。

2. 培育一批线上线下多种融合的旅游企业集团

据艾瑞数据统计，2014 年中国在线旅游市场交易规模达 3077. 9 亿元，同比增长 38. 9%，OTA（在线旅游代理）市场营业收入规模为 39. 5 亿元，同比增长 21. 0%。旅游市场的融合发展是大势所趋，旅行社的转型是条必行之路、没有任何选择，作为政府要大胆尝试培育一批新的旅游集团，这些新的旅游集团包含多种要素、线上线下互动融合、商业模式灵活多样，要打造资源 + 渠道的最优组合。未来内蒙古自治区的成功旅游企业集团，既要拥有强大的线上揽客能力，更要具备优秀的线下服务能力。

3. 网络平台建设及新媒体的运用

网络平台的建设及新媒体的运用包括微信、微电影、移动端微电影营销或者跨界合作等方式。旅行社及旅游集团网络平台及新媒体的运用为企业打开与外界联结的桥梁。

旅行社网络平台的搭建可引入信息技术，依托自己多年的旅行社资源开展网络业务，也可通过网络平台技术企业收购传统旅行社开展网络业务，中小旅行社还可通过借助较大旅游企业平台开展网络业务。

新媒体之于信息化是必然的趋势，通过新媒体向消费者提供旅行社产品介绍、旅游资讯、旅游咨询、在线预订住宿、门票、订餐以及预定旅游线路等服务，方便游客了解和体验。

4. 建立互联网营销思维促销

旅游网站是旅游者搜寻信息、关注旅游目的地以及购买旅游产品的首选之地，也是旅游企业和旅游者沟通的桥梁，网站是旅游网络营销的根据地。旅游网站推广的手段很多，如网上促销、网络广告、搜索引擎、电子邮件、社会化媒体、网上旅游社区、APP 移动应用、在线视频等，通过不同的手段能有效地推广旅游网站。其中，最主要的就是搜索引擎优化。优化搜索引擎排名、参与竞价排名、关键词优化等，在多家知名的网站进行链接和反链接。另外，通过事件营销和传统媒体相互合作增加旅游网站的知名度，宣传旅游网站。

利用新媒体营销。每一种新媒体的出现都是一种思维方式的转变，比如“鄂尔多斯旅游”微信订阅号：第一定位是企业的发展目标、市场、消费者类别、搭建何种平台等；第二定位是搭建平台；第三定位就是吸粉，也就是需要推广公众号，需要有人关注公众号；第四定位是转化，引导微信账号里的那些想了解旅游产品的游客去花钱去消费；第五定位就是维护，二次或者多次购买，或者引流到手机 APP 上购买旅游产品。这五个方面，每个方面都需要设计成结构化的流程，那样才能发挥微信账号的作用。

5. 挖掘消费者需求，提供个性化服务

旅游产品的无形性，体验式的消费，决定了消费者在购买旅游产品时需要参考别人的意见。如今，个性化的消费需求和网络媒体改变了广大游客的出游方式。旅游企业如何利用互联网、社交媒体、智能手机、网站、论坛等为消费者提供个性化的服务，面对有迹可循的互联网平台，旅游企业可以通过社交化的媒体平台以及注册信息将旅游者划分为不同的群体，同时依靠网站用户的分享内容、用户偏好和访问记录，对所有数据进行分析、综合和整理，以最终整合的结果为中心，加上定向技术提高用户体验度。通过电子邮件有针对性地推送游客感兴趣的信息，制定精准合适的旅游营销策略，提供个性化服务。如携程线下体验店“24 小时日不落中文服务热线”以及地面服务事业部，满足客人一站式服务的全部需求。

当然，网络媒体本身是个工具，需要文化渗透在里面吸引游客，网络媒体的艺术美感，艺术气息以及特色的文化才是打动游客、吸引游客的地方。

6. 培育以度假为中心的旅游目的地

观光是指去参观名胜；休闲是指余暇时的休息和娱乐；度假是指旅行或在某地度过假期。度假既可以是静态的、也可以是动态的；对于游客而言，度假既可以选择观光产品，也可以选择休闲产品，因此打造“聚合观光、动态度假”的旅游目的地是未来主要选择。对于政府而言，不存在观光和度假的转换，观光是度假、休闲也可以实现度假，应建立宜观光则观光、宜休闲则休闲的观点。同时，深入挖掘旅游目的地品牌形象，以促进旅游目的地度假旅游核心区的形成。

同时，深入挖掘内蒙古自治区旅游目的地品牌形象，以促进内蒙古自治区各地度假旅游核心区的形成。内蒙古自治区旅游要以“体现草原文化，独具北疆特色”为总体旅游形象，实施“建设特色旅游观光休闲度假基地，既要着力推出一批精品旅游项目，又要着力培育一批大型旅游集团，还要着力培养一批优秀旅游人才，多措并举推动草原文化与旅游产业融合发展。”内蒙古自治区旅游目的地品牌建设初见成效，但是很多方面需要深度的挖掘。比如，产品的同质性、精品休闲度假旅游、季节因素的影响、旅游和文化的深度结合等问题。内蒙古自治区的旅游业需要加强旅游业与各地文化、民俗、休闲等的结合，如鄂尔多斯旅游与成吉思汗文化、鄂尔多斯民俗文化、蒙古族文化的结合，发挥文化创意旅游，打造多功能旅游产品，加快旅游产品的结构转型，深入建设北方休闲度假基地，走一条具有内蒙古自治区独具特点的旅游发展之路。

7. 大力培养复合人才，组建高素质旅游团队

未来的旅游网络营销需要面对互联网、面对手机移动端、面对机器。很多旅游企业在旅游网站的建设、微博和微信平台的建立运营推广、手机 APP 等的发布都一直跟着时代的脚步。这些平台建立的根本目的都是为了满足旅游者的消费需求，但是发挥的效果却没有达到预期值。

互联网时代旅游发展需要跨界人才，希望既懂旅游业，也要懂互联网、资本运作、消费者心理、市场营销等，总之旅行社业的发展需要大量专业复合型人才。目前，内蒙古自治区旅行社业专业人才缺乏，政府采取优惠政策，吸引人才，完善人才培养机制，积极组建高素质、多学科、多领域的复合型团队。

第三章

内蒙古自治区酒店业发展报告

《国务院关于加快发展旅游业的意见》（国发［2009］41号）明确了旅游业在国民经济中的战略性地位——“把旅游业培育成国民经济的战略性支柱产业和人民群众更加满意的现代服务业”。“十二五”期间，国家西部大开发、振兴东北等老工业基地战略的深入实施和促进内蒙古自治区经济社会又好又快发展意见的出台，为内蒙古自治区旅游业快速发展创造了良好的政策条件。2002年，内蒙古自治区将旅游业确定为第三产业的龙头产业，此后，2007年将其确定为国民经济新的增长点。2012年2月10日，自治区人民政府出台了《贯彻落实国务院关于加快发展旅游业意见精神的实施意见》（内政发［2012］12号），特别是2013年“8337”发展思路提出把内蒙古自治区建设成为“体现草原文化、独具北疆特色的旅游观光、休闲度假基地”，并要求把旅游业作为一项朝阳产业全力推进。旅游业上升到自治区战略层面，极大地鼓舞了内蒙古自治区各级、各界发展旅游业的积极性。

2009年至今，内蒙古自治区以大交通建设融入了国家快速交通网络，为内蒙古自治区直接对接国内主要客源市场创造了极为有利的基础条件。一系列的优惠政策使内蒙古自治区旅游业的进入限制逐步降低，酒店业作为旅游产业重要的组成部分，在未来发展中必将得到更有力的政策支持。

随着我国国民经济的稳步增长，国际与国内旅游消费市场对内蒙古自治区的消费需求和消费能力更加坚固。强有力的旅游市场为内蒙古自治区酒店业的发展提供了坚实的基础条件与发展动力。而且，《餐饮业现场管理规范》的实施为住宿接待业明确了基本框架。此外，团购网站、B2C、O2O等营销方式与微博、微电影与微信等营销手段为内蒙古自治区住宿接待业的发展提供了前所未有的机遇。①

① 因星级酒店评定时间与纳入《中国旅游局饭店统计管理系统》时间具有差异，故本书数据与官方公布数据稍有差异。本书数据以《中国旅游局饭店统计管理系统》统计为准。

一、内蒙古自治区酒店业发展现状

内蒙古自治区的酒店业伴随着中国酒店行业的发展，近二十年取得了良好的发展趋势。内蒙古自治区的住宿接待业从20世纪90年代的突然启动，到21世纪初的蓬勃发展，再到如今稳步前行。近三年，受限于经济环境影响，内蒙古自治区星级酒店处于缓速发展之中。总体上看，内蒙古自治区东部盟市星级酒店发展趋势较好，发展速度较快。中部地区发展态势平稳，稳中有降。西部盟市总体发展情况欠佳。

（一）酒店业基本情况

近三年，内蒙古自治区的星级酒店数量规模发生小幅度变化，星级酒店的总体增长率从2013年的8.58%下降到2014年的1.47%。

1. 数量规模

2014年，五星级酒店虽增加两家，但床位数略减，说明五星级酒店的数量结构发生优化，部分酒店出于强化“同质竞争，服务取胜”的目的调整了客房布局。四星级酒店的数量在2014年略有增加，但床位数发展态势经过2013年的大幅度增长后，2014年回归稳定，增长率保持在12.46%。2014年，三星级酒店的客房间数和床位数与2013年基本持平；二星级酒店的客房间数和床位数与2013年相比稍有下降。近三年，一星级酒店的数量、客房间数与床位数急速锐减。见表3－1。

表3－1　全区星级酒店数量规模比较

项　目	年度	五星级		四星级		三星级		二星级		一星级		总数	
		数量	增长率（%）	数量	增长率（%）	数量	增长率（%）	数量	增长率（%）	数量	增长率（%）	数量	增长率（%）
现有星级饭店（家）	2014	10	25	38	8.57	135	10.66	151	－2.58	1	－100.00	335	4.04
	2013	8	0	35	16.67	122	8.93	155	－6.06	2	60	322	0.63
	2012	8		30		112		165		5		320	
客房数（间/套）	2014	3172	－2.73	6149	13.74	11138	1.17	7885	－1.78	45	－48.89	28389	2.19
	2013	3261	12.56	5406	53.62	11009	17.30	8025	0.26	67	－105.97	27768	13.77
	2012	2897		3519		9385		8004		138		23943	

续表

项　目	年度	五星级		四星级		三星级		二星级		一星级		总数	
		数量	增长率（%）	数量	增长率（%）	数量	增长率（%）	数量	增长率（%）	数量	增长率（%）	数量	增长率（%）
床位数（张）	2014	4572	-4.25	10271	12.46	20022	0.71	15157	-3.02	83	-49.40	50105	1.15
	2013	4775	11.44	9133	56.04	19881	18.17	15614	0.76	124	-131.45	49527	13.69
	2012	4285		5853		16824		15496		287		42745	

2. 资产与负债规模

总体上来看，2014 年内蒙古自治区星级酒店的固定资产原价、资产总额、负债总额和所有者权益都发生一定幅度变化。负债总额增长率较 2013 年增加 1.93%，同时，固定资产原价、资产总额和所有者权益增长率均比 2013 年度减少，增长率分别为 -5.16%、-0.37% 和 -3.65%（见表 3-2）。从地区看，满洲里市、乌海市、呼伦贝尔市、兴安盟、锡林郭勒盟和阿拉善盟实现固定资产原值增长，其中兴安盟的增长率达到 463.42%。满洲里市、巴彦淖尔市、呼伦贝尔市、兴安盟、锡林郭勒盟和阿拉善实现资产合计增长，其中兴安盟增长率为 371.10%。满洲里市、兴安盟、锡林郭勒盟和阿拉善盟负债有所增加，兴安盟的负债增长率达到 2374.68%。满洲里市、巴彦淖尔市、赤峰市、呼伦贝尔市、兴安盟和阿拉善盟实现所有者权益增长，巴彦淖尔市所有者权益增长率达到 55.01%。总体来讲，内蒙古自治区东部盟市星级酒店的发展趋势快于中西部地区。见表 3-3。

3. 人员规模

近三年，内蒙古自治区星级酒店吸纳的就业人数与大专以上从业人员数量总体上呈缩减状态。2014 年，除四星级酒店之外，其他星级酒店的从业人数均有下降。四星级酒店的就业人数较 2013 年增长 4.77%，同时，大专以上从业人数数量较 2013 年增加 6.93%（见表 3-4）。按从地区来看，“呼包鄂”星级酒店提供的就业岗位较多，高学历人才就职率较高。2014 年兴安盟和锡林郭勒盟提供的就业岗位较多，高学历人才入职率较好。见表3-5。

表 3-2　内蒙古自治区星级酒店资产与负债规模比较

项　目	年度	五星级		四星级		三星级		二星级		一星级		总数	
		千元	增长率（%）	千元	增长率（%）	千元	增长率（%）	千元	增长率（%）	千元	增长率（%）	千元	增长率（%）
固定资产原价	2014	2531489.1	-20.34	2778834.4	6.34	2091518.6	-1.32	1412715	1.89	3200	-31.25	8817757.086	-5.16
	2013	3178039.8	40.66	2613141.1	12.99	2119437.1	22.90	1386013.6	26.52	4200	-145.65	9300831.629	26.97
	2012	2259408.3		2312679.5		1724548		1018414.9		10317.22		7325368	
资产总额	2014	2581776.6	-0.50	3095057.1	5.08	2936829.4	0.12	1596950.2	-11.07	2609	-40.67	10213222	-0.37
	2013	2594818.6	4.76	2945407.5	13.37	2933242.2	11.59	1773741.8	16.62	3670	-252.83	10250880.09	11.48
	2012	2476816.2		2598039.9		2628544.9		1478976		12948.685		9195325.7	
负债总额	2014	1409947.5	13.45	2086218.5	4.78	1844574.8	-4.60	766728.24	-7.22	0		6107469.1	1.97
	2013	1242810	2.28	1991106.3	10.09	1933431.3	11.66	822093	12.33	0		5989440.7	9.25
	2012	1215053.2		1808642.2		1731525.7		720700.97		6324.455		5482246.5	
所有者权益	2014	1171829.1	-13.33	1008838.5	5.71	2609	-99.74	1092254.6	12.87	830222.01	99.56	4105753.2	-3.65
	2013	1352008.6	7.15	954301.19	20.89	999810.88	11.46	951648.79	20.32	3670	-80.50	4261439.4	14.77
	2012	1261763		789397.67		897019.27		758275.07		6624.23		3713079.3	

表 3－3 各地区星级酒店资产与负债规模比较

地区	固定资产原价（千元）					资产合计（千元）					负债合计（千元）					所有者权益合计（千元）				
	2014 年	增长率（%）	2013 年	增长率（%）	2012 年	2014 年	增长率（%）	2013 年	增长率（%）	2012 年	2014 年	增长率（%）	2013 年	增长率（%）	2012 年	2014 年	增长率（%）	2013 年	增长率（%）	2012 年
内蒙古自治区	8817757.09	-5.19	9300831.63	26.97	7325368.013	10213222.31	-0.37	10250880.09	11.48	9195325.71	6107469.13	1.97	5989440.67	9.25	5482246.46	4105753.18	-3.65	4261439.42	14.77	3713079.25
满洲里	370716.12	37.02	270563.00	0.16	270130.96	534073.45	17.97	452725.45	4.37	433771.49	441947.92	13.74	388563.54	10.34	352144.55	92125.52	43.58	64161.91	-21.40	81626.94
通辽	455919.37	-18.00	556000.97	39.11	399678.5	665013.52	-10.05	739307.07	27.04	581961.00	396351.23	-0.08	396672.20	15.56	343258.00	268662.29	-21.59	342634.87	43.54	238703.00
巴彦淖尔市	395229.70	-1.83	402588.33	125.50	178532.455	499469.30	6.30	469855.78	132.70	201914.67	75468.42	-61.56	196323.31	236.90	58272.87	424000.89	55.01	273532.48	90.43	143641.81
鄂尔多斯市	708271.05	-10.05	787395.36	36.43	577149.412	1490099.16	-3.98	1551900.02	10.86	1399928.36	1056870.52	-2.90	1088413.64	15.17	945058.44	433228.64	-6.53	463486.38	1.89	454869.93
呼和浩特市	2690845.80	-23.15	3501347.31	29.16	2710866.877	2645848.55	-12.36	3018870.93	3.24	2924007.84	1695018.23	-9.00	1862653.41	2.31	1820604.26	950830.32	-17.76	1156217.53	4.79	1103403.58
包头市	1648041.99	-11.06	1852887.16	14.97	1611604.01	1574178.14	-1.57	1599207.02	-1.54	1624277.89	801100.44	-0.04	801418.98	-5.79	850694.25	773077.70	-3.10	797788.04	3.13	773583.64
乌海市	215352.00	4.70	205690.00	0.27	205132	205992.00	-23.02	267602.00	-5.13	282072.74	116040.00	-21.63	148058.00	-6.28	157978.74	89952.00	-24.75	119544.00	-3.67	124094.00
赤峰市	563096.85	-1.96	574364.25	9.12	526357.3	663476.00	-6.18	707179.56	1.45	697092.47	420210.80	-10.13	467586.61	1.06	462665.73	243265.20	1.53	239592.95	2.20	234426.74
呼伦贝尔市	426352.09	2.17	417280.09	12.23	371803.31	467797.42	11.29	420339.21	7.24	391971.85	233096.80	-5.56	246814.01	14.75	215086.56	234700.62	35.25	173525.20	-1.90	176885.29
兴安盟	380334.00	463.42	67504.59	54.37	43728.348	370609.00	371.10	78668.87	24.70	63088.03	265836.00	2374.68	10742.23	-41.53	18371.64	104773.00	54.24	67926.65	51.91	44716.39
锡林郭勒盟	587347.30	153.16	232008.17	76.85	131189	541528.95	79.52	301657.60	8.36	278377.00	358407.35	152.92	141709.60	20.40	117696.00	183121.60	14.49	159948.00	-0.46	160681.00
二连浩特市	1835.00	0	0.00	0	4077.22	2124.00	0	0.00	0	7650.69	3295.00	0	0.00	0	6024.46	-1171.00	0	0.00	0.00	1626.23
乌兰察布市	98425.47	-43.86	175330.18	33.27	131562.411	44372.68	-67.46	136359.30	-12.38	155621.78	10319.27	-74.52	40499.15	-59.59	100212.21	34053.41	-64.48	95860.16	73.00	55409.57
阿拉善盟	275990.35	7.03	257872.22	57.67	163556.21	508640.14	0.28	507207.26	230.23	153589.92	233507.16	16.76	199986.00	485.12	34178.77	275132.98	-10.44	307221.26	157.28	119411.15

注：二连浩特市未有数据录入《中国旅游局饭店统计管理系统——2013 年》，该市相关数据为空。

表 3－4　内蒙古自治区星级酒店从业人数规模比较

单位：人

项　目	年度	五星级		四星级		三星级		二星级		一星级		总数	
		数量	增长率（%）	数量	增长率（%）	数量	增长率（%）	数量	增长率（&）	数量	增长率（%）	数量	增长率（%）
从业人员年均数	2014	3677	－1.97	6461	4.77	8384	－15.41	4666	－19.76	7	－73.08	23195	－9.64
	2013	3751	－14.09	6167	26.32	9911	2.44	5815	－12.00	26	－55.17	25670	0.32
	2012	4366		4882		9675		6608		58		25589	
大专学历以上人数	2014	1549	－19.66	1929	6.93	1979	－16.32	821	－20.83	1	0	6279	－11.20
	2013	1928	－4.17	1804	－11.91	2365	4.65	1037	0.88	1	－83.33	7135	－2.98
	2012	2012		2048		2260		1028		6		7354	

表 3－5　各地区星级酒店从业人数规模比较

地区	从业人员年平均数（人）					大专以上学历（人）				
	2014 年	增长率（%）	2013 年	增长率（%）	2012 年	2014 年	增长率（%）	2013 年	增长率（%）	2012 年
内蒙古自治区	23195	－9.64	25670	0.32	25589	6279	－12.00	7135	－2.98	7354.00
满洲里市	908	7.46	845	－8.05	919	180	29.50	139	3.73	134.00
通辽市	1923	－4.38	2011	1.77	1976	332	－8.29	362	39.23	260.00
巴彦淖尔市	1217	－5.00	1281	－5.60	1357	251	2.45	245	－12.19	279.00
鄂尔多斯市	2268	－28.18	3158	39.43	2265	616	－24.60	817	8.07	756.00
呼和浩特市	5367	－10.49	5996	－9.54	6628	2049	－17.64	2488	－16.76	2989.00
包头市	2906	－14.98	3418	－16.04	4071	1132	－1.05	1144	－3.87	1190.00
乌海市	528	－18.01	644	－10.06	716	109	－18.05	133	－6.99	143.00
赤峰市	2613	－1.58	2655	3.39	2568	603	3.43	583	－2.83	600.00
呼伦贝尔市	1902	－3.21	1965	1.81	1930	393	－11.49	444	－13.11	511.00
兴安盟	379	55.97	243	－27.89	337	87	38.10	63	－8.70	69.00

续表

地区	从业人员年平均数（人）					大专以上学历（人）				
	2014 年	增长率（%）	2013 年	增长率（%）	2012 年	2014 年	增长率（%）	2013 年	增长率（%）	2012 年
锡林郭勒盟	1376	35.70	1014	2.74	987	234	45.34	161	36.44	118.00
二连浩特市	82	0	0	0	0	6	0	0	0	
乌兰察布市	653	-49.88	1303	18.67	1098	128	-65.96	376	121.18	170.00
阿拉善盟	1073	-5.63	1137	54.27	737	159	-11.67	180	33.33	135.00

注：二连浩特市未有数据录入《中国旅游局饭店统计管理系统——2012 年、2013 年》，该市相关数据为空。

（二）所有制结构

内蒙古自治区星级酒店以内资为主，港澳台投资与外商投资各有 1 家五星级酒店（见表 3－6）。2014 年，在内资酒店中，国有和集体所有的五星级酒店 2 家，占比 33.33%；四星级酒店 10 家，占比 33.33%；三星级酒店 27 家，占比 25.96%；二星级酒店 24 家，占比 19.2%；一星级酒店为 0 家。

表 3－6　内蒙古自治区星级酒店所有制结构比较

单位：家

		五星级	四星级	三星级	二星级	一星级	总数
内资	2014 年	6	34	104	125	1	270
	2013 年	6	29	101	128	2	266
	2012 年	5	20	83	131	4	243
港澳台地区投资	2014 年	1	0	0	0	0	1
	2013 年	1	0	0	0	0	1
	2012 年	1	0	0	0	0	1
外商投资	2014 年	1	0	0	0	0	1
	2013 年	1	0	0	0	0	1
	2012 年	1	0	0	0	0	1

表 3-7　内蒙古自治区星级酒店经营状况比较

项　目	年度	五星级		四星级		三星级		二星级		一星级		总数	
		数量	增长率（%）	数量	增长率（%）	数量	增长率（%）	数量	增长率（%）	数量	增长率（%）	数量	增长率（%）
平均房价（千元/间夜）	2014	0.57	-6.55	0.30	-16.09	0.19	-3.86	0.12	-7.26	0.07	-52.21	0.23	-7.87
	2013	0.61	-7.10	0.36	-7.89	0.20	-10.59	0.13	-9.98	0.15	37.29	0.25	-7.14
	2012	0.65	22.86	0.39	5.97	0.22	2.74	0.15	4.89	0.11	23.90	0.27	3.91
客房出租率（%）	2014	40.00	-16.67	51.00	6.25	44.00	-4.35	45.00	0.00	32.00	-3.03	46.00	0.00
	2013	48.00	-17.24	48.00	-9.43	46.00	-8.00	45.00	-11.76	33.00	-35.29	46.00	-11.54
	2012	58.00	-12.12	53.00	-10.17	50.00	-5.66	51.00	-5.56	51.00	34.21	52.00	-5.45
每间客房收入（千元/间夜）	2014	0.23	-21.58	0.16	-10.69	0.09	-7.30	0.06	-6.79	0.02	-53.03	0.11	-9.15
	2013	0.29	-22.51	0.17	-16.56	0.09	-17.51	0.06	-21.07	0.05	-10.67	0.12	-16.81
	2012	0.38	8.33	0.21	-4.26	0.11	-3.31	0.08	0.23	0.06	66.50	0.14	-3.18
每间客房平均营业收入（千元/间）	2014	182.10	-17.97	125.84	-12.20	80.94	-11.75	49.82	-10.17	8.44	-64.75	93.21	-12.42
	2013	221.99	-32.12	143.33	-23.00	91.72	-18.79	55.46	-18.70	23.96	-10.75	106.42	-20.67
	2012	327.03	3.82	186.15	-1.74	112.95	6.41	68.21	20.57	26.84	73.07	134.16	3.41
百元固定资产创营业收入（元）	2014	22.82	0.17	27.85	-6.09	43.10	-9.53	27.81	-13.40	11.88	-68.93	30.01	-5.55
	2013	22.78	-45.68	29.65	4.69	47.64	-22.49	32.11	-40.11	38.21	6.44	31.77	-27.54
	2012	41.93	-13.72	28.32	-21.93	61.47	-1.32	53.61	0.34	35.90	67.12	43.85	-11.27
营业收入（亿元）	2014	577611.62	-20.21	773783.62	-0.14	901508.51	-10.72	392813.09	-11.73	380.00	-76.32	2646096.84	-10.46
	2013	723903.94	-23.59	774843.59	18.29	1009753.48	-4.74	445031.82	-18.49	1605.00	-56.67	2955137.83	-8.00
	2012	947394.21	-5.15	655045.14	6.59	1059998.46	1.74	545961.43	36.89	3704.00	-19.31	3212103.24	5.02
客房收入（亿元）	2014	255500.46	-17.45	340737.99	2.85	338955.89	-7.08	158407.54	-13.75	380.00	-66.61	1093981.88	-8.10
	2013	309517.93	-12.14	331300.66	26.17	364767.15	-5.95	183650.59	-14.34	1138.00	-44.78	1190374.32	-2.36
	2012	352295.96	-7.64	262584.76	4.71	387829.98	-0.39	214399.42	13.08	2061.00	-42.46	1219171.12	0.36
餐饮收入（亿元）	2014	271079.41	-23.70	402309.90	1.31	448051.14	-9.83	204143.47	-7.12	0.00	-100.00	1325583.92	-9.80
	2013	355275.76	-30.95	397105.60	11.07	496897.38	-15.53	219795.26	-28.98	467.00	-71.58	1469540.99	-17.04
	2012	514531.19	-4.19	357520.32	7.41	588244.03	16.16	309488.89	55.35	1643.00	63.92	1771427.42	12.36

（三）经营效果

受整体市场环境影响，内蒙古自治区星级酒店的整体经营状况有所下降。2014 年，内蒙古自治区星级酒店的平均房价、客房出租率、每间客房收入、每间客房平均营业收入、百元固定资产创营业收入、营业收入均呈下降态势。其中，每间客房平均营业收入下降 12.42%，营业收入下降 10.46%。在实际经营中，星级酒店的客房收入占营业收入总额的 41.34%，较 2013 年总体增加 2.64%。餐饮收入占营业收入总额的 50.10%，较 2013 年总体增加 0.74%。从地区差异来看，“呼包鄂”地区星级酒店的经营状况较好，盈利能力较强。满洲里市、巴彦淖尔市、乌兰察布市的星级酒店实现了营业利润的正增长。

二、内蒙古自治区酒店业发展特征

内蒙古自治区旅游业的发展使更多的酒店品牌进入内蒙古自治区市场。由于增速过快，酒店业由供不应求的卖方市场向买方市场转变。激烈的市场竞争使经营者更加重视市场趋势和顾客的需求变化。虽然内蒙古自治区酒店业的经营取得不菲成绩，但是在建设与管理过程中仍然存在一定误区。

（一）酒店分布区域差异明显

城市化进程加速、市场竞争压力增强以及区域旅游流量与流速的改变使酒店业逐步向内蒙古自治区东部、西部盟市布局。高星级酒店选址从集中在“呼包鄂”地区逐步改向东部与西部盟市，经济连锁型品牌酒店纷纷入驻内蒙古自治区各地。但是，在酒店业的发展过程中，仍然存在着东中西发展差异性较强的特征。“呼包鄂”地区不论在资产规模、经营状况还是盈利能力上远远高于其他盟市。

（二）产品整体老化现象严重

长期以来，内蒙古自治区传统的本土高星级酒店以公务服务为主，其不以酒店自身盈利为开发诉求。而由大型企业集团投资建设的高星级酒店多由国际或者国内知名酒店管理集团委托经营，对本土品牌与形象的培养与宣传力度不足。作为品牌概念，经济型酒店在内蒙古自治区于 2009 年逐步走热，由于季节性接待、流动人口数量规模较小、人力资源成本上升等限制，面临产品老化、经营成本上升、入住率较低等问题。随着高档饭店经营遇冷与经济型品牌老化等问题的突出，中档饭店逐步迎来发展契机，但是内蒙古自治区的中端酒店由于经营理念、产品设计等问题仍然面临营销定位不准、盈利模式不明、产品严重同质化等问题。

事实上，内蒙古自治区饭店市场上存在着大量、分散的单体酒店，他们不隶属于任何酒店管理集团，独立地进行经营管理、营销策划，从数量规模上看，单体酒店是内蒙古自治区饭店市场的主流。相对于单体酒店来讲，连锁经营有利于饭店资产扩展，有利于标准化服务的输出。但是，内蒙古自治区目前还没有形成具有市场竞争实力的本土连锁品牌，连锁经营基本由国际或国内知名品牌垄断。

（三）网购质量较难保证

当前，浏览团购网站或者是某品牌的线上销售平台成为大多数消费者确认入住酒店之前的经常性行为。价格与品牌优势成为消费者选择住宿酒店的主要参考指标。线上团购网站的销售价格通常具有较大价格优势，因此，越来越多的消费者愿意通过团购的方式采购住宿产品。但是，大多数的团购网站处于市场监管的盲区，缺乏法律法规的有效监管。部分团购网站甚至纵容虚假广告与不诚信价格发布，消费者一旦利益受到侵害，投诉无门的现象屡见不鲜。

（四）线上销售渠道设计不足

信息时代的发展使线上销售渠道成为酒店形象展示与销售产品的有效渠道。借助线上销售渠道进行品牌宣传与营销已经成为酒店业竞争的新手段。虽然酒店管理层已认识到线上销售的重要性，但由于缺乏网络管理方面的专业人才，致使一些酒店只能把线上销售渠道当成是一种展示平台，而没有实现在线预订与支付功能。

三、内蒙古自治区酒店业发展趋势

内蒙古自治区星级酒店在推行既有管理经验的基础上，把引进国外先进科学管理方法与国情、区情相结合，酒店管理从经验型行政管理开始向科学化管理转变。

（一）业态一体化趋势

集团化战略是指饭店通过新建、资产兼并、股权运作或者相关协议等方式由单一经营转变为多样化经营，通过形成规模优势从而实现企业经营目标、提升竞争实力的一种战略。

内蒙古自治区本土饭店集团规模逐步扩大。东达蒙古王集团拥有内蒙古自治区锦江国际大酒店、达旗东达假日酒店、东达锦园宾馆、呼和浩特市东达假日酒店、新村宾馆、达旗金源宾馆等多家高星级酒店。其中，内蒙古自治区锦江国际大酒店是西北地区最大的国际性商务酒店，其客源占据呼和浩特市高档酒店客源的一半以上。海德集团拥有海德北京酒店、海德呼市酒店、海德包头酒店、包钢海德酒店、美国海德夏威夷酒店等6家大型高星级酒店。

在集团化饭店的档次结构中，高星级酒店是多数集团的总体部分，现有存量较大，挂牌或者是正在依照相应标准建设的五星级、四星级酒店较多，而中低档酒店的存量较少。重视高星级酒店数量的扩张而忽视中低档酒店建设是内蒙古自治区酒店集团化发展中的一个现实问题。而且，随着城市化进程加速以及市场竞争压力的增大，酒店集团逐步放弃“呼包鄂”地区高星级酒店的新建、再建行为，转而向内蒙古自治区其他经济发展快速地区进军。

（二）智能化营销趋势

饭店的客流主要来源于企业、旅行社团购以及会员散客。随着线上预订的发展，饭店对客源竞争从由地理位置占优转向互联网大流量平台占优。

内蒙古自治区饭店企业微博营销处于试水阶段。绝大部分三星级以上酒店均在各大微博开设账户。搜狐、腾讯或者新浪微博据称为内蒙古自治区酒店品牌传播企业信息、产品信息，树立良好的企业形象和产品形象的新型平台。内蒙古自治区饭店、呼和浩特喜来登大酒店、内蒙古自治区美乔酒店管理有限责任公司、内蒙古自治区东达酒店有限公司等企业通过微博定期更新内容，与消费群体交流互动，通过价值的传递、系统的布局、准确的定位使事件的传播量呈几何级放大，实现了短期内定位营销的最大收益。继微博之后，微信营销成为酒店业开展营销活动的时尚手段。

（三）文化性设计趋势

近年来，选址与设计作为酒店长期发展的关键性因素之一备受关注。酒店的选址、设计与地域文化休戚相关，酒店需要用自有模式表达地域文化内涵。内蒙古自治区的酒店在建设或改建过程中，已经认识到选址与定位的重要性。位于城区的设计主要以草原文化为表达主题，而城郊的酒店多以幽静、典雅为主。利用当地的环境与地域文化，保持酒店的文化性与活动性已成为内蒙古自治区酒店经营者的共识。

（四）APP定制服务趋势

APP定制化服务是指以针对性、差异化、个性化、人性化的产品和服务来赢得市场的服务模式。通过APP客户端，酒店就可掌握消费者的一切需求，既可以关注消费者共性的基本需求，又可以分析消费者的个性喜好；既可以了解消费者的静态需求，又可以了解服务过程中消费者的动态变化；既可以观察消费者的显性需求，又可以猜测消费者的隐性需要。酒店可以通过APP应用从预订、入住到离店的过程中预知消费者使用痕迹与特殊要求，通过真诚的人文关怀及时处理突发情况，更加急速、有效地满足消费者需要。

第四章

内蒙古自治区旅游景区发展报告

随着世界旅游产业的蓬勃发展，人们对旅游产业的认识也在不断深入，近年来旅游景区是旅游业的核心，是旅游消费活动最终载体的地位为大家所普遍认可。

旅游者之所以选择去某地旅游，最根本的吸引因素是目的地旅游资源，而旅游景区是目的地旅游资源最集中、最有代表性的场所。可见旅游景区是旅游业构成的核心，在旅游产品构成中居中心地位。

近些年，旅游业日益成为内蒙古自治区国民经济重要组成部分，旅游景区的增长速度十分迅速，类型日益多元。内蒙古自治区旅游景区的发展提升了内蒙古自治区旅游业的整体吸引力和竞争力。

2014 年，受国家整体支持旅游业发展政策红利影响，在内蒙古自治区各级政府的高度重视下，内蒙古自治区旅游景区投资规模增加，科技支撑水平不断提高，标准化管理成为常态，带来的直接影响是精品旅游景区数量不断增加，新兴的旅游景区不断涌现，在带动就业、拉动消费、增加收入等方面的效益日益显著。在看到发展的同时，内蒙古自治区旅游景区发展还存在着诸如综合收入低，主题性不突出，配套设施缺乏等制约内蒙古自治区旅游景区进一步发展的问题。针对这些问题应该从由政府主导，引导多部门支持旅游景区的发展；加强旅游景区合作平台的建立；注重旅游景区的对外宣传；旅游景区应该加大新项目的开发和人才培养等方面入手解决。

一、内蒙古自治区旅游景区发展环境分析

（一）资源环境

内蒙古自治区旅游景区依托于内蒙古自治区丰富的旅游资源。内蒙古自治区旅游资源可以概括为资源丰富、类型多样，草原风情、民族文化、北国风光、口岸边境等旅游资源独具特色。长期以来，内蒙古自治区在旅游景区开发中依托于草原、森林、湖泊、沙漠、名胜古迹、历史文化，重点开发的是观光旅游产品，尽管2014年观光游依然是内蒙古自治区旅游市场的基础，但是休闲度假以及其他专项旅游产品的开发也是迫在眉睫的课题。据内蒙古自治区旅游局2014年的抽样调查数据显示，游客来内蒙古自治区旅游的目的主要集中在观光游览和休闲度假两项上，其中观光游览所占比例为38.34%，休闲度假所占比例为33.04%。第三位是来探亲访友的游客，所占比例为16.78%。第四位是商务、会议，所占比例均在10%左右。由此可见，观光游客仍是内蒙古自治区的主要客源市场，但是与巩固观光游客市场同样重要的是开发休闲度假市场。

2014年，内蒙古自治区旅游资源中的两种资源得到重新审视与发展。一种是随着内蒙古自治区公路、航空、铁路事业的不断发展，内蒙古自治区与京津冀等主要客源地距离近的优势进一步凸显。优美的自然风光和便捷的交通条件结合，使内蒙古自治区具备了发展自驾车与房车营地的条件。2014年，内蒙古自治区的自驾车、房车营地建设进入一个小高潮，呼伦贝尔市、赤峰市、包头市、乌兰察布市相继建成了一批自驾车营地。

另一种是得到重新考量并得到进一步发展的旅游资源是区域旅游与边境旅游资源。内蒙古自治区地域辽阔，横跨东北、华北、西北，东南西与黑龙江、吉林、辽宁、河北、山西、陕西、宁夏、甘肃8省区毗邻，使之分别成为东北旅游区、环渤海旅游区、丝绸之路旅游区的重要组成部分。在国际方面，内蒙古自治区与蒙古国、俄罗斯接壤，国境线长4200公里。内蒙古自治区成为去往俄罗斯、蒙古国的重要国际旅游通道。在国家“一带一路”的宏观发展战略中，内蒙古自治区具有依托满洲里市和二连浩特市纵深发展跨境旅游的天然优势。

（二）政策环境

2014年内蒙古自治区旅游景区面临着深刻的转型压力。在政策方面，旅游景区旅游业在迎接机遇的同时也面临着挑战。2014年国家及各级地方政府制定出针对旅游业发展的各类政策，《国民旅游休闲纲要》、《旅游法》、《关于促进旅游业改革发展的若干意见》及中央八项规定的持续发力对旅游景区发展产生深远

影响。

《旅游法》中对旅游景区新的要求主要有两个方面：一是对近年来反映突出的旅游景区门票及其他项目的收费情况进行了法律规定。《旅游法》第四十三条规定，利用公共资源建设的景区的门票以及景区内的游览场所、交通工具等另行收费项目，实行政府定价或者政府指导价，严格控制价格上涨。拟收费或者提高价格的，应当举行听证会，征求旅游者、经营者和有关方面的意见，论证其必要性、可行性。利用公共资源建设的景区，不得通过增加另行收费项目等方式变相涨价；另行收费项目已收回投资成本的，应当相应降低价格或者取消收费。

第四十四条规定，景区应当在醒目位置公示门票价格、另行收费项目的价格及团体收费价格。景区提高门票价格应当提前六个月公布。将不同景区的门票或者同一景区内不同游览场所的门票合并出售的，合并后的价格不得高于各单项门票的价格之和，且旅游者有权选择购买其中的单项票。此两条的法律的出台首先是规范了景区收费项目变化的流程，必须举行听证、论证。这也是针对近些年中国旅游景区门票价格飞涨的限制性措施。其次是内蒙古自治区乃至全国的旅游景区收入中80%为门票收入，其他收入仅仅占到总收入的20%。出台了旅游门票涨价的限制，迫使旅游景区采取多种手段增加收入。

二是《旅游法》对很多旅游景区，特别是知名景区游客严重超载，投诉强烈的情况做出了回应。第四十五条规定，景区接待旅游者不得超过景区主管部门核定的最大承载量。景区应当公布景区主管部门核定的最大承载量，制定和实施旅游者流量控制方案，并可以采取门票预约等方式，对景区接待旅游者的数量进行控制。旅游者数量可能达到最大承载量时，景区应当提前公告并同时向当地人民政府报告，景区和当地人民政府应当及时采取疏导、分流等措施。

《旅游法》的法条使得旅游景区既无法通过简单的门票涨价提高收益，也无法通过超载来增加收入。只能靠增加旅游景区项目，提高服务质量，强化经营管理水平来增加自身的竞争力。

2014年8月9日，国务院为了促进旅游业的改革，颁布了《关于促进旅游业改革发展的若干意见》（以下简称《意见》）。《意见》先是肯定了旅游业的重要作用，将其定位于是适应人民群众消费升级和产业结构调整的必然要求。《意见》中强调加快旅游业发展方式转变，深化旅游改革，推动旅游市场向社会资本开发，在拓展旅游发展空间方面，提倡积极发展休闲度假旅游、乡村旅游、老年旅游，创新发展文化旅游，扩大旅游购物消费。

《意见》中提出的措施会与2013年实施的《国民旅游休闲纲要》中提出的落实带薪假期，改善国民旅游休闲环境，形成政策效果叠加。这些效果与八项规定的持续发力形成合力，促使旅游景区尽快转型升级。一方面，国家提倡并保障国民旅游休闲，使得旅游景区的类型呈现更加多样化。另一方面，八项规定使得公务接待、公款旅游活动几乎绝迹，客观上使得旅游景区的收入减少，客源结构发生变化，从前不被重视的散客旅游客源成为旅游景区深入了解的对象，促进了景区旅游产品、经营观念等的转型。

（三）旅游行业环境

2014 年全球经济形势增长缓慢，但国际旅游业持续增长，旅游业成为拉动世界经济整体回暖的重要引擎。据世界旅游组织的数据，2014 年全球游客人数增长了 4.7%，约为 11 亿人，增长率为 3.5%。预计到 2015 年底，旅游业对全球国内生产总值（GDP）的综合贡献将达到 7.86 万亿美元，占全球 GDP 总量的 1/10。在就业机会方面，旅游业将创造 2.84 亿个就业岗位，占就业总量的 9.5%。

中国旅游业为世界旅游业的发展做出了重要贡献。2014 年中国旅游总收入 3.38 万亿元。外国人入境旅游市场出现回暖，达 2636 万人次；出境旅游人次首次突破 1 亿人次大关；国内旅游 36.11 亿人次。

2014 年，内蒙古自治区接待入境旅游者 167.12 万人次，入境创汇 10.03 亿美元，在中国入境旅游人次下降的趋势下，内蒙古自治区入境旅游仍保持小幅增长，高于全国 4.41 个百分点；国内旅游人数 7414.88 万人次，同比增长 12.13%，国内旅游收入 1744.97 亿元，同比增长 29.86%。旅游业总收入 1805.29 亿元，相当于内蒙古自治区 GDP 的 10.16%，首次突破 10% 的大关。

在国内外旅游业大发展的背景下，中国旅游消费者的消费观念也发生了重大的转变，如出游目的由单一的观光为主，转为休闲、度假、乡村游等复合型出游目的；出游方式由团队化向散客化转变；旅游中游客参与需求强烈，由“走马观花”向“深度旅游”跃进；旅游目的地由散点接待向全域接待转变；旅游产业由单一依靠门票索道收入为主向业态融合与创新转变；旅游经济开始由实体经济转向实体经济和虚拟经济互相影响的网络时代转变。

二、内蒙古自治区旅游景区发展历程及现状分析

（一）发展历程

内蒙古自治区的旅游景区建设是与内蒙古自治区旅游业同时起步的，20 世纪 80 年代，内蒙古自治区的旅游景区建设主要以外事接待为主，旅游景区建设的重点为草原景区的开发，建设的中心为呼和浩特市、包头市、鄂尔多斯市，代表性的景区为辉腾锡勒、格根塔拉和希拉穆仁。

20 世纪 90 年代后，随着旅游业被纳入国民经济计划中，各盟市逐渐重视旅游业的发展，各种类型的旅游景区在各盟市逐渐建立，截至 1999 年底，内蒙古自治区建成具有一定规模的旅游景区（点）38 处。

1999 年 10 月 1 日，中华人民共和国国家标准（GB/T 17775—1999）《旅游区（点）质量等级的划分与评定》正式实施，标准中将旅游区质量等级划分为四个等级，从高到低依次为 AAAA 级、AAA 级、AA 级、A 级旅游区（点）。旅游区（点）质量等级的确定，依据“服务质量与环境质量评价体系”、“景观质量评价体系”的评价得分，并参考“游客意见评价体系”的得分数。据此标准，内蒙古自治区从 2000 年开始 A 级旅游景区评定及管理工作。在 2001 年国家旅游局首次正式公布的 4A 级景区中，内蒙古自治区的乌兰察布市格根塔拉草原旅游中心、鄂尔多斯市成吉思汗陵旅游区、满洲里市中俄互市贸易区作为内蒙古自治区第一批 4A 级旅游景区获此殊荣。

2005 年 1 月 1 日正式施行的中华人民共和国国家标准（GB/T 17775—2003 替 GB/T 17775—1999）《旅游景区质量等级的划分与评定》，对旅游景区提出了更高的要求，将旅游景区质量等级划分为五级，从高到低依次为 AAAAA 级、AAAA 级、AAA 级、AA 级、A 级旅游景区。内蒙古自治区也积极组织旅游景区申报 5A 级景区，2010 年内蒙古自治区鄂尔多斯市成吉思汗陵旅游区、响沙湾旅游景区进入国家 5A 级景区行列，结束了内蒙古自治区没有国家 5A 级景区的历史。

经过 15 年的努力，2014 年底，内蒙古自治区有 A 级旅游景区 321 家，众多 A 级景区的创立，改善了旅游景区的综合质量，有效提高了内蒙古自治区旅游的吸引力和竞争力。2014 年，纳入内蒙古自治区统计系统的 A 级旅游景区有 287 家，这些 A 级旅游景区共接待游客达 3537.46 万人次，占内蒙古自治区接待国内游客总数的 47.71%；实现门票收入 5.09 亿元。高 A 级景区仍占旅游市场主要份额。2014 年，内蒙古自治区共有 3A 级及以上景区（点）共 185 家，占 A 级旅游景区数量的 57%，累计接待游客 2678.91 万人次，占 A 级景区接待游客总量的 75.72%，实现门票收入 4.81 亿元，占 A 级景区门票收入的 94.95%。高 A 级旅游景区在游客接待量、门票收入等主要经营指标方面继续保持了 75% 以上的绝对优势。

（二）现状

1. 等级结构

截至 2014 年底，内蒙古自治区有 A 级旅游景区 321 家，其中，5A 级旅游景区 2 家、4A 级旅游景区 78 家、3A 级旅游景区 105 家、2A 级旅游景区 134 家、

1A 级旅游景区 2 家。

从内蒙古自治区 A 级旅游景区结构看，呈现两头小，中间大的特点。5A 级旅游景区占 A 级旅游景区的比重为 0.62%，1A 级旅游景区占 A 级旅游景区的比重为 0.62%。从 5A 级景区来看，内蒙古自治区只有 2 家，与天津市、青海市、西藏自治区并列全国倒数第一，而江苏省已有 17 家 5A 级景区排名第一，在全国 31 个省市自治区中，拥有 5 家以及上 5A 级景区的省市区达到 17 个。内蒙古自治区 2 家 5A 级景区分别为成吉思汗陵和响沙湾，均分布在鄂尔多斯境内，显然不能满足内蒙古自治区旅游大发展的需要。这些情况说明内蒙古自治区 A 级旅游景区的总体发展水平还不高，还有很大的提升空间。

表 4－1　内蒙古自治区各盟市 A 级旅游景区分布

	5A 级	4A 级	3A 级	2A 级	1A 级	合计
呼和浩特市	0	6	16	2	0	24
包头市	0	5	8	7	0	20
呼伦贝尔市	0	10	12	23	2	47
兴安盟	0	2	7	12	0	21
通辽市	0	4	10	8	0	22
赤峰市	0	6	10	19	0	35
锡林郭勒盟	0	4	6	11	0	21
乌兰察布市	0	6	7	6	0	19
鄂尔多斯市	2	21	11	9	0	43
巴彦淖尔市	0	3	10	26	0	39
乌海市	0	1	3	6	0	10
阿拉善盟	0	5	5	2	0	12
满洲里市	0	4	0	2	0	6
二连浩特市	0	1	1	0	0	2
合计	2	78	106	133	2	321

资料来源：内蒙古自治区旅游局《内蒙古自治区旅游企业名录》。

表 4－2　中国 5A 级旅游景区数量分布

名次	省份	数量	名次	省份	数量	名次	省份	数量
1	江苏省	17	11	重庆市	6	21	贵州省	3
2	浙江省	11	11	云南省	6	21	辽宁	3

续表

名次	省份	数量	名次	省份	数量	名次	省份	数量
3	河南省	9	11	新疆	6	21	上海	3
3	四川省	9	15	河北省	5	21	吉林	3
5	广东省	8	15	湖南省	5	21	宁夏	3
5	湖北省	8	15	陕西省	5	22	内蒙古自治区	2
5	山东省	8	18	海南省	4	22	青海	2
8	北京市	7	18	黑龙江省	4	22	天津	2
8	安徽省	7	28	山西省	4	22	西藏	2
8	福建省	7	21	广西	3			
11	江西省	6	21	甘肃省	3			

资料来源：根据中华人民共和国国家旅游局相关资料整理。

各盟市非常注意A级景区对本区域旅游业的带动作用，加大了组织力度和资金投入，所以各盟市等级景区数量增长较快，从全区来看，2010～2014年增加4A级旅游景区47家，占4A级旅游景区总数的60.26%；3A级旅游景区增加65家，占3A级旅游景区的61.90%；2A级增加了80家，占2A级旅游景区的59.70%，2011年2A级旅游景区评定权下放各盟市旅游局后，由盟市旅游局评定的2A级旅游景区数量增加，如巴彦淖尔市增加25家、兴安盟增加10家。

2014年内蒙古自治区旅游景区质量继续提高，当年新增加高A级旅游景区28家，其中，新增4A级旅游景区13家，3A级旅游景区15家；新增星级乡村、牧区家庭旅游接待户136家，其中，新增五星级13家，新增四星级19家，新增三星级100家，新增二星级4家，自治区星级乡村、牧区家庭旅游接待户达到381家。

2. 类型结构

以观光游览为主要旅游目的的游客依然是内蒙古自治区客源的主体，但是内蒙古自治区的A旅游景区在以自然风光、历史遗迹为主的基础上，新型的旅游景区类型增长速度快，类型逐渐多样。近些年，内蒙古自治区新增了以农业、牧业、工业、商贸、温泉、滑雪、红色旅游为主题的A级旅游景区，使内蒙古自治区A级旅游景区类型更加丰富。

农村、牧区旅游已经成为自治区旅游产业重要组成部分，全区农家乐和牧家乐接待户达到3169家。

随着新农村、新牧区的建设，内蒙古自治区加快了乡村、牧区旅游提档升级进程，出现了一批特色鲜明的乡村、牧区旅游接待户。仅纳入统计系统的 9 家乡村旅游接待户全年共接待游客 61.57 万人次，直接营业总收入 8358.58 万元。

农村、牧区旅游是从创建休闲农业与乡村旅游示范县和示范点两方面入手的。2014 年，在创建休闲农业与乡村旅游示范县方面取得的成就，克什克腾旗被评为全国休闲农业示范县；被列入全国休闲农业与乡村旅游示范点的单位有 3 家，分别是宁城县黑里河松枫山庄、科右前旗玫瑰庄园和鄂尔多斯市达拉特旗万通旅游度假村，自此内蒙古自治区总量分别达到 5 家和 13 家。

2014 年新创建内蒙古自治区级休闲农业示范县 2 家、休闲农业示范点 14 家，总量达到 11 家和 49 家。农村、牧区旅游景区在增加农牧民收入、脱贫致富方面显示了很好的社会效益。例如锡林郭勒盟牧人之家发展迅速，目前已有 420 多家，从业人员 3800 多人，累计接待游客 269 万人次，户均利润 12 万元，人均纯收入达 1.3 万元。呼伦贝尔市陈旗安排 200 万元专项资金，扶持“游牧人家”牧户游项目，率先开发应用了智慧旅游系统，帮助牧民对接市场。

内蒙古自治区工业旅游景区也深受游客的喜爱。如伊利、蒙牛工业旅游景区，不断创新工业旅游产品，2014 年分别接待游客 74.65 万人次和 69.91 万人次。

在国家生态旅游示范区的创建方面，重点指导根河湿地公园和额尔古纳湿地公园进行创建，其中根河湿地公园于 2014 年 1 月获得批复，使内蒙古自治区国家级生态旅游示范区达到 2 家。在国家公园试点方面，大兴安岭北部原始林区国家公园景区争取成为国家林业局国家公园建设研究试点单位。

在冬季旅游方面，内蒙古自治区已建成和正在建设冬季旅游项目 22 个，其中，滑雪场 17 个，举办冬季旅游节庆活动 34 个，冬季旅游正在从单一发展向与民俗风情、温泉疗养、农家采摘等融合发展转变。

休闲度假景区也成为旅游业新的增长点，鄂尔多斯市碧海阳光温泉度假旅游区和阿尔山海神圣泉旅游度假区经营总收入分别达 4820 万元和 4599 万元，创历史新高。以城市风光和设施为看点的康巴什旅游区（4A 级），也成为内蒙古自治区近些年来高 A 级旅游区建设的新亮点。

3. 分布结构

A 级旅游景区数量在 12 盟市和 2 个计划单列市分布不平衡。A 级旅游景区数量最多的三个地区是呼伦贝尔市 47 家、鄂尔多斯市 43 家、巴彦淖尔市 39 家，最少的是二连浩特市 2 家。

各盟市 A 级旅游景区占全区 A 级旅游景区比重情况也不均衡，A 级数量占全区 A 级景区比重较高的地区有呼伦贝尔市、鄂尔多斯市、巴彦淖尔市、赤峰市。这些地区的比重超过 10%。

表 4-3　内蒙古自治区各盟市 A 级旅游景区占全区总量

盟市	A 级景区数量（家）	占全区总量比重（%）
呼和浩特市	24	7.48
包头市	20	6.23
呼伦贝尔市	47	14.64
兴安盟	21	6.54
通辽市	22	6.85
赤峰市	35	10.90
锡林郭勒盟	21	6.45
乌兰察布市	19	5.92
鄂尔多斯市	43	13.40
巴彦淖尔市	39	12.15
乌海市	10	3.12
阿拉善盟	12	3.74
满洲里市	6	1.87
二连浩特市	2	0.62

资料来源：内蒙古自治区旅游局《内蒙古自治区旅游企业名录》。

从各盟市不同等级的占比情况来看，各盟市 A 级旅游景区发展的水平不平衡。4A 级以上旅游景区占本盟市 A 级旅游景区比重高的是满洲里市、二连浩特市，原因是这两个地区的 A 级景区总量少，鄂尔多斯市 4A 级以上旅游景区占本市 A 级旅游景区的比重是 53.49%，旅游景区的发展水平在全区是最高的。

表 4-4　内蒙古自治区各盟市高等级旅游景区占比情况

盟市	高等级景区数量（家）	占全市（盟）总量比重（%）
鄂尔多斯市	23	53.49
呼伦贝尔市	10	21.28
巴彦淖尔市	3	7.69
呼和浩特市	6	25
包头市	5	25
兴安盟	2	9.52
通辽市	4	18.18
赤峰市	6	17.14
锡林郭勒盟	4	19.05

续表

盟市	高等级景区数量（家）	占全市（盟）总量比重（%）
乌兰察布市	6	31.58
乌海市	1	10
阿拉善盟	5	41.67
满洲里市	4	66.67
二连浩特市	1	50

资料来源：内蒙古自治区旅游局《内蒙古自治区旅游企业名录》。

4. 投资水平

2014 年，内蒙古自治区共有在建旅游项目 489 个，其中，新开工项目 225 个，续建项目 264 个，完成建设项目 165 个，全年完成投资 257 亿元，比 2013 年增长 46.8%，这批在建项目的完成，有力地提高了自治区旅游基础设施和公共服务设施的水平，使景区的品质有了进一步的提高。如响沙湾旅游区、美林谷旅游区、敕勒川草原文化旅游区、阿尔山—柴河旅游区、玉龙沙湖旅游区、九成宫生态旅游度假区、胡杨林景区、满洲里套娃广场二期等一大批旅游区提档升级、提升竞争力成效显著。

三、2014 年内蒙古自治区旅游景区取得的成就及面临的问题

2014 年，在内蒙古自治区各级政府的高度重视下，内蒙古自治区 A 级旅游景区规模不断壮大，精品旅游景区数量不断增加，新兴的旅游景区不断涌现，在带动就业、引导投资、拉动消费、增加农牧民收入等方面的效益日益显著。总体而言，内蒙古自治区旅游景区取得的主要成就如下：

（一）取得的成就

1. 各级政府对建设旅游景区的认识进一步提高，投入加大

近年来，内蒙古自治区党委、政府为促进旅游业发展制定了一系列方针政策，对旅游产业的重视程度不断升级，先后提出将旅游业定位为自治区新的经济增长点、第三产业的重要支柱产业、自治区战略性支柱产业和人民群众更加满意的现代服务业等战略目标。特别是 2013 年自治区党委提出“8337”发展思路，对旅游业的要求是建设体现草原文化、独具北疆特色的旅游观光、休闲度假基地。这也是列入自治区重点发展的五个基地之一。

2014 年，内蒙古自治区各级地方政府将旅游业上升到推动当地经济社会发

展的战略层面加以重视，也把旅游业当作“8337”发展思路的重要抓手，其中旅游景区建设是重要的突破口。各级政府把打造精品景区列入重点工作，也把创建高A级旅游景区作为对旅游部门考核的重要内容之一。如鄂尔多斯市将创建A级旅游景区作为对旗县旅游局考核的重要内容，各级政府对创建A级旅游景区的重视程度也提高了。除推动精品景区的打造之外，各地区还大力提升和完善对传统景区的基础和服务设施水平，不断改造景区的周边环境，努力实现产品的转型升级，从传统的观光型向观光与休闲度假结合发展，如响沙湾旅游区就是内蒙古自治区旅游景区中成功实现转型升级的杰出代表。

2. 建设体现“美丽内蒙古自治区”特色景区，提高科技支撑水平

“美丽中国之旅——2014智慧旅游年”是国家旅游局确定的2014年旅游宣传主题。围绕这一主题，内蒙古自治区也逐步在旅游景区行业落实。首先，推进各类型旅游景区建设，依托内蒙古自治区旅游的优势资源，大力开发、宣传世界地质公园，国家地质公园、国家自然保护区，国家水利风景区，国家重点文物保护单位，国家森林公园旅游景区，体现内蒙古自治区的美丽。重点建设、推广的成吉思汗陵旅游景区（5A）是国家重点文物保护单位；阿斯哈图石林旅游区（4A）是世界地质公园；阿尔山—柴河旅游区（4A）是国家地质公园和国家森林公园；萨拉乌苏旅游区（4A）是国家水利风景区；莫尔道嘎森林旅游区（4A）是国家森林公园；红花尔基樟子松旅游区（4A）是国家森林公园。

其次，内蒙古自治区结合旅游业发展的方向，以智慧旅游为主题，引导智慧景区建设，尤其是在智慧服务、智慧管理和智慧营销三方面加强旅游景区资源和产品的开发和整合。内蒙古自治区旅游景区重点建立三大平台，分别为旅游信息管理平台、旅游景区展示平台和导航平台。旅游景区智慧旅游建设的重点可以归纳为景区的智慧管理体系，包括景区资源管理系统、景区办公自动化、景区财务管理系统、指挥调度中心；景区的智慧服务体系，包括景区电子门票系统、景区监控管理系统、景区电子导览自助、景区电子巡更系统、景区语音广播系统；景区的智慧营销体系，重点建设景区电子商务平台（包括景区门户网站）；景区的智慧体验体系，重点关注景区游客互动体验；景区的智慧环境构建：公用电话网、无线宽带网、通信技术网和物联感知识别网络的覆盖性建设。

3. 旅游景区综合收益提高

门票收入一直是中国旅游景区最重要的收入来源，按照国家旅游局发布的统计资料，2014年旅游收入2989亿元，门票收入949亿元，占31.7%，餐饮收入657亿元，占22%；住宿收入569亿元，占19%；商品收入565亿元，占19%；交通收入312亿元，占10.4%；演艺收入37亿元，占1.2%。以北京市为例，门票收入仍占据A级景区所有营业收入的一半以上，商品销售收入所占总收入比

重不到3%。但是利用社会公共资源建设的旅游景区，门票走向低价、免费是必然趋势。从欧美等旅游发达国家的经验来看，旅游收入的提升很少是靠景区的门票来拉动的。内蒙古自治区各级政府不断加大对利用社会公共资源建成的景区的投资力度，发挥其公益属性。同时旅游景区提升精细化管理水平，降低景区运行管理成本。为了适应逐步取消门票，推动由门票经济向产业经济转变的趋势，内蒙古自治区景区努力延长产业链。内蒙古自治区旅游景区从整个旅游产业链的角度提升创收，积极开发旅游商品、餐饮、住宿、文化娱乐等新兴增长点，使内蒙古自治区的旅游景区的旅游链条逐渐延长，游客停留的时间延长，旅游综合收入逐年递增。2014 年以来，在内蒙古自治区游览的游客消费结构中景区游览花费占总花费的6.66%。游客可以从多方面来体验内蒙古自治区独特的自然景观和民族文化，正逐步改变旅游景区单纯依赖门票，旅游景区的综合收入大大提升，实现良性的可持续发展。最具代表性是响沙湾旅游区，经过二次改造提升，游客参与的活动项目大大丰富，鄂尔多斯婚礼演出，对游客产生了很大的吸引力。

4. 重视规划，加强了标准化管理

规划是加快旅游景区发展的纲领。内蒙古自治区的 A 级旅游区，特别是高 A 级旅游区更加重视规划在旅游区建设中所起的作用，坚持规划先行。A 级旅游景区规划的水平越来越高，对建设的指导作用越来越强。内蒙古自治区在评定 A 级旅游景区过程中，也把规划作为重要的评定内容之一，要求申报 3A 级以上旅游景区都必须有景区规划，强调以规划为引领，合理布局旅游发展项目。

在我国旅游企业全面推进旅游标准化试点工作的背景下，旅游景区开展标准化管理是企业升级转型，提高服务质量的重要举措。2014 年内蒙古自治区的 A 级旅游景区，特别是高 A 级旅游区的管理日趋规范。A 级旅游区标准是一套行之有效的管理体系，标准涉及管理机构的设置，管理制度的设立及执行，从市场营销、服务质量、导游、卫生、环保、统计等多个方面对景区进行规范。由于 A 级旅游景区按照标准完善了管理机构和管理制度，就实现了对旅游景区有效的管理。

（二）内蒙古自治区旅游景区面临的问题

1. A 级旅游景区产品类型结构不合理，盟市之间发展不平衡

2014 年，内蒙古自治区 A 级旅游景区仍以传统观光型的自然景观和历史文化类为主，休闲度假和专项旅游产品虽然发展比较快，但仍滞后于游客消费需求。加之新型的旅游产品正在发展和培育阶段，还不能满足游客日益增长的个性化需求。各盟市 A 级旅游景区发展水平不平衡，导致各盟市旅游区的发展也存在很大差距，鄂尔多斯市是内蒙古自治区整体旅游发展最好的地区。有些盟市由于

受交通、客源市场、景区知名度、旅游整体环境等因素的影响，部分 A 级旅游景区接待规模较低。

2. 部分 A 级旅游景区建设与旅游资源不匹配

内蒙古自治区有丰富独特旅游资源，如有国家森林公园 23 处、国家重点文物保护单位 108 处、世界和国家地质公园 7 处，国家级自然保护区 25 处，还有湖泊湿地、口岸等，其中有些旅游资源品级极高，如阿尔山、阿斯哈图、莫尔道嘎国家森林公园、额济纳胡杨林、巴丹吉林沙漠等，是内蒙古自治区打造品牌旅游景区或高 A 级旅游景区的资源基础。但目前内蒙古自治区品牌景区开发建设的现状与资源不匹配：一是像九寨沟、张家界、黄山这样的著名景区，内蒙古自治区还没有一处。二是内蒙古自治区 5A 级景区在全国所占的份额很低。2014 年底，全国有 5A 级旅游景区 184 家，内蒙古自治区有 2 家，仅占全国 5A 级旅游景区的 1.09%，是全国 5A 级旅游景区最少的 4 个省区之一。三是内蒙古自治区 5A 级景区在全区 A 级景区中所占的份额也很低。2014 年底，内蒙古自治区有 A 级旅游景区 299 家，5A 级旅游景区 2 家，仅占内蒙古自治区 A 级景区总数的 0.67%。

3. 内蒙古自治区 A 级旅游区中精品景区总量供给不足，特别是旅游旺季问题还比较突出

2014 年，内蒙古自治区 5A 级和 4A 级旅游景区 80 家，占内蒙古自治区旅游景区总数的 24.92%，但游客接待量占全区 A 级旅游景区接待量的 53.33%，精品旅游景区供给总量明显不足，旅游供给与旅游需求之间的矛盾还比较突出，同时伴随着全民休闲时代的到来，旅游需求将会激增，到内蒙古自治区精品景区游览游客量还将迅速增加，内蒙古自治区精品旅游景区的发展速度不能满足游客的需求。

4. 内蒙古自治区大部分 A 级旅游景区的综合配套还不足

内蒙古自治区部分 A 级旅游景区存在道路不畅，道路标识系统缺乏，景区内道路建设跟不上游客增长的速度，停车场、游客中心、旅游厕所等基础设施和服务设施功能不到位，与自助游、自驾游、生态游等新兴的旅游产品对应的自驾车基地、安全救援系统等配套设施建设还比较滞后，景区信息化建设缺乏，对内蒙古自治区特色文化内涵的挖掘和展示明显不足，使景区“没看头，没玩头，没想头，没吃头”，回头客少，人均花费水平低，旅游景区难以得到持续发展。

5. 部分旅游景区设施老化，服务退化

内蒙古自治区部分评定较早的 A 级旅游景区，由于没有根据旅游市场和游客需求的变化而改变和提升，旅游景区设施严重老化，服务质量严重退化，活动内容和项目单一，已经与所取得的 A 级景区等级不符，使游客大量流失，效益下

滑，维持正常经营都非常困难，景区举步维艰。

6. 旅游景区的主题性不突出，与周边环境融合度低

旅游景区的定位和主体风格确定后，所有设施的建设要紧紧围绕主体风格，注重协调性和一致性，如停车场、游步道、游客中心、游客休息设施、标识系统、垃圾箱、厕所、购物场所、员工的服饰。要特别注意主门区建设对整体景区的烘托效果，要从建筑风格、材质、图案、外形上协调一致。内蒙古自治区有许多成功的案例，如响沙湾旅游区，成吉思汗陵旅游区，月亮湖旅游区，上都湖旅游区。

此外，旅游景区对景区周边环境的打造力度还远远不够。旅游景区对景区内部的绿化、美化、优美环境的营造都比较重视，但对景区外围环境的建设重视不够，没有实现整体化发展，要注重景区绿道和景观长廊的建设。

7. 部分旅游景区设施的人文关怀和文化内涵不足

内蒙古自治区部分 A 级旅游景区设施建设体现人文关怀不够。高 A 级旅游景区要求设置无障碍设施，游客休息设施，吸烟区。游客中心要设置为残疾人、儿童服务的拐杖、童车、雨伞，厕所内要有残疾人厕位。警示标志要注重温馨语言的运用。这些能从多方面体现景区管理水平和员工素质，是景区软实力的很好体现，但是内蒙古自治区旅游景区内的人文关怀还亟待加强。

此外，内蒙古自治区部分 A 级旅游景区设施多考虑实用性，而文化内涵和美感的体现不充分。停车场、游步道、游客中心、厕所、游客休息等设施实用性有余，而美感、体现当地的特色和文化性不足，如停车场、游步道用水泥生态砖一铺到底，建筑物造型和用材与城市建设用材毫无差别，没有特色。

8. 旅游景区的规模小，旅游收入低

内蒙古自治区现有 3A 级以上旅游景区年接待游客平均数量不足 20 万人次，旅游收入均 1175 万元，收入超过 1 亿元的旅游景区只有 5 家，响沙湾旅游区收入 1.04 亿元、大青沟旅游区收入 1.01 亿元、康巴什旅游区收入 3.03 亿元、集宁皮革城收入 3.5 亿元、蒙亮民族风情园收入 1 亿元，响沙湾和大青沟是旅游消费收入，其他三家景区主要是出售商品和城市综合服务收入，大部分景区的收入在 500 万 ~5000 万元。而区外 5A 级、4A 级旅游景区年接待人次普遍都在百万人次或千万人次以上，旅游收入至少也在几亿元或者几十亿元以上。收入越高，景区的建设条件越好，惠及当地老百姓的社会效益就越突出。

四、内蒙古自治区旅游景区发展建议

内蒙古自治区旅游景区健康发展离不开政府部门、旅游管理部门以及景区自

身的协调努力。政府部门应该大力支持当地的旅游事业，提供合作交流平台，整合旅游资源；加大对景区在税收、资金及贷款等方面的优惠政策，鼓励景区经营入境游的优惠政策或奖励措施，推动入境旅游发展；拨付专项资金，加大对景区的扶持力度，重点扶持在金融危机中涌现的新型业态，如对景区网络交易平台的扶持。

旅游管理部门应该重视开展旅游交易会，加强各景区的沟通、交流，掌握基层基本信息，强化对景区企业的宣传，提高景区的影响力；调整景区价格，严格管理旅行社，规范旅游市场；进行督导检查，加强景区引导和管理，提升景区的发展水平。

旅游景区自身应该加大对景区基础、配套设施的投入，加强对旅游团队的招引，提升接待档次；丰富旅游产品，加快新项目的开发及新技术的应用；拓宽经营思路，实现景区的创新转型；加强市场营销，开展旅游节庆、宣传促销活动；加大对旅游从业人员的专业培训，增强服务意识，提升旅游服务水平；景区的流程制度、规则等形成标准化作业文书，并提高其执行效率。

具体的发展措施如下：

（一）注重旅游营销，实现景区市场化运作

1. 强化景区营销工作

旅游景区管理经营者要高度重视和切实加强景区营销工作，包括建立科学营销体系，强化营销投入，推进营销合作，搞好调查研究等。

2. 举办大型网络营销活动

网络给旅游景区的信息传播提供了巨大的空间和高效低成本的途径，旅游景区可以结合自身特色，承接并举办各类比赛以及游乐活动，提高景区知名度，这种营销方式成本低，投入少，宣传力度大。

3. 加强故事营销

用讲故事的手法提高旅游品牌的知度名与可信度，是旅游景区赢得游客信赖、打造品牌、实现成功营销的最有效的方法。

（二）挖掘内在价值，实现景区的深度发展

1. 采取综合性盈利模式

旅游景区要走向综合性盈利的模式，即通过产品的创新来增加游客重复购买率；通过挖掘细分市场，不断地吸引新兴客源市场；采取信息化手段和利用网络平台改变销售渠道，降低景区传统宣传推广的成本。推动“一体化”服务，景区的产业链越长，附加值就越高，分享利润就越多。

2. 加强旅游信息化建设

旅游景区要充分运用现代科技知识和创新成果，发展网络宣传、视频旅游和电子商务等，加大数字营销力度，通过网络、多媒体手段向旅游者展示风景、文化、活动等内容。

3. 促进旅游景区全方位合作

加强景区与内蒙古自治区区内其他景区的合作；加强景区与其他省、市、区景区的联合；加强景区与旅行社的深度合作；加强景区与北京市、上海市等大城市的联合；加强景区与韩国、日本等国家的联合。

（三）拓宽经营理念，实现景区的创新发展

1. 打造高科技旅游项目

随着科学技术的更新和进步，旅游景区应该进一步寻求高科技与旅游业的最佳结合点，逐步实现“面向旅游的高科技”发展方向，推进高科技在旅游业中的应用，提高旅游产业的技术化程度，使产业结构更加完整。

2. 开发特色型旅游项目

旅游景区要敢于创新，亮出自己的特色，不断推陈出新，做好综合旅游与特色旅游的文章，坚持错位发展、特色发展，防止近距离的重复建设、雷同的“移花接木”和盲目的“无中生有”，切实针对特定市场推出特色项目和服务，以培育新的旅游消费热点和新的利润增长点。

（四）提高服务意识，实现景区的持续发展

1. 重视旅游景区人才培养

景区发展的快慢，人才是关键。要广开渠道，以景区发展和景区需要为导向，以培养高层次人才和紧缺人才为重点，全面提升旅游景区人才队伍的整体素质。

2. 抓好旅游景区安全工作

景区是游客集聚的地方，任何一点安全隐患都有可能引发人身安全事故，必须把安全生产放在经营活动的首位。景区安全工作做到三个强化：强化安全体系建设，强化安全设施的达标，强化安全工作的检查。

3. 注重景区与社区和谐发展

要顺应和谐社会的要求，注意社区统筹，增进景区与社区的友好相处，力争“双赢”和“多赢”。一方面，要充分发动周边的群众积极投身到旅游中来，参与景区的建设；另一方面，要发挥自身的影响力和辐射力，主动参与社区两个文明建设。

（五）完善旅游景区基础设施建设

紧紧围绕“行、游、住、食、购、娱”六要素，加快建设交通旅游网络、停车场、游客中心等基础设施，改善旅游交通、住宿、餐饮、卫生、水电、通信等方面条件，推进旅游公共服务设施和配套设施建设；依托新交通格局推进产业体系升级，新建或改造一批旅游度假设施、精品乡村旅游客栈群、山地户外体育运动基地、自驾游露营基地、智慧旅游景区，推进旅游商品生产基地和旅游购物中心建设。

第五章

内蒙古自治区旅游交通现状及发展趋势

旅游业已经成为促进地方经济结构调整、区域开发、社会稳定的重要因子，并成为增进地方经济发展和创造就业岗位的最活跃力量。交通是旅游的重要组成部分，是旅游活动中的主要时间消耗、费用消耗以及效果因素。旅游交通是联系旅游客源地和旅游目的地的重要物质纽带，是旅游业必不可少的先决条件和依附基础；旅游交通服务完善程度也是旅游活动评价的重要指标。它连接旅游目的地和客源地，完成游客、信息在旅游目的地和客源地间的流动。交通的便利与否直接影响旅游者对旅游目的地的选择和旅游日程的安排，道路质量的好坏更关系到游客的旅游经历和心情，极大地影响旅游者整个旅行的质量和满意度。而且，交通还在很大程度上控制着旅游资源吸引力大小，决定着旅游资源开发规划效果的好坏。因此，如果区域旅游交通条件发生变化，将对整个区域旅游产业的发展产生重大影响。交通条件是地区旅游产业形成和发展的基础，其可进入性、网络化程度以及道路质量的优劣，对客源吸引、线路组织、旅游大环境的营造以及“大旅游、大市场、大产业”发展战略的实施等方面均产生极其深远的影响。如果没有完善的交通网络系统的支撑，即使再丰富的旅游资源也只能处于待开发状态，无法充分发挥其旅游经济价值，区域旅游产业的发展必然会受到严重的制约。从总体上看，改革开放尤其是20世纪90年代中期以来，我国加快了交通基础设施的投资和建设力度，交通运输业以惊人的速度向前发展。《统计公报》显示，截至2014年年底，全国公路总里程446.39万公里，其中高速公路里程11.19万公里，稳居世界第一。铁路运营里程突破11万公里，我国铁路营业里程达11万公里，其中高铁里程达到1.6万公里，超过世界高铁营业里程的一半，是当之无愧的“世界第一”。随着机场数量的增加和等级的提高，航空运输网络不断优化，旅游交通却一直是我国旅游业发展的薄弱环节。旅游交通基础设施落后，再加上不恰当的规划，降低了后期的建设、使用效益，影响了我国旅游产品的开发和旅游业的发展。

一、旅游交通理论

（一）旅游交通的概念

1993年以来，已经有很多学者对旅游交通的概念做出过界定，并且逐渐趋于完善。早在1993年杜学就将其定义为“一种为旅游者提供直接或间接交通运输服务所产生的社会和经济活动”。傅云新则认为旅游交通是“为旅游者在常住地与旅游目的地以及旅游目的地内部，提供所需要的空间移动及由此产生的各种现象和关系的总和”。还有学者分广义和狭义对其定义：广义的旅游交通是指以旅游观光为目的的人、物、思想及信息的空间移动，它探讨的对象包括人、物、思想及信息。狭义的旅游交通则将讨论对象限定在人和物，通常指为旅游者实现旅游活动，从出发地到目的地以及在目的地内部进行游览，整个旅游活动过程所利用的各种交通运输方式的总和，包括各种交通设施以及与之相适应的一切旅途服务。此外，吴刚、谢彦君等也提出了关于旅游交通的定义，吴刚还进一步阐述了旅游交通的两个特征：交叉性和共享性。交叉性是指旅游和交通的融合与交叉；共享性是指进出景区的旅游交通和其他公共交通可以相互共享。

综合上述诸家论点我们可以发现，旅游交通不外乎包含以下几个主要因素：一是旅游交通是发生在旅游者所在地与旅游目的地之间；二是旅游者产生了空间移动；三是旅游交通发生所涉及的交通运输工具等其他设施。此外，对旅游交通的理解还可以缩小到在目的地不同景点间进行空间转移的旅游景区交通乃至专门为旅游者观赏游玩和实现空间移动而设计的旅游景观交通（如景区观光车、观光索道等）。

首先，旅游交通是旅游的必要条件。根据字面意思很显然有旅才有游，旅游者的最终目的虽然说不是旅，但旅却是实现游的必要的和重要的条件，旅就是旅游交通，也是旅游活动得以实现的必要组成要素。

其次，旅游交通是旅游景区与外界联系的一个重要渠道。旅游景区资源丰富，风景优美，当然是某地旅游业发展不可或缺的要素，但所谓“酒香还怕巷子深”，即使东西再好，也需要对外宣传，交通区位的便利给了景区对外联系的机会。要实现旅游景区的发展，旅游交通的建设至关重要，它的健全发展是旅游业发展不可分割的一部分。

再次，旅游交通对旅游者所要到达的旅游目的地的决策有一定的影响作用。旅游者在关于旅游目的地做出决策的过程中，感性的同时也会理性考虑交通的通畅度，不仅受风景名胜区、景点、个人爱好等因素的影响，也受与目的地之间的感知距离的影响。大家平时所说的距离是指居住地和旅游目的地之间的实际距离或者客观距离，而感知距离是以人类的感觉来衡量的，客观距离以里程来衡量，而感知距离则是以克服客观距离所消耗的时间、资金和精力来衡量。影响旅游者决策行为的主要是感知距离，交通发展的快捷化可以缩短旅游者的感知距离。

最后，旅游景区交通设施和服务逐渐成为游客选择旅游的重要因素。现在的旅游交通与传统的有些不同，不仅是交通工具，还承载着更多的其他用途。如人性化的设计，齐全的音响娱乐，高舒适度的环境，沿途的美景等都逐渐成为影响游客的重要原因。经济基础决定上层建筑，旅游交通也不例外，在人类科学文化、社会发展到一定程度后，人们对非生活必需的旅行活动的需求日益增多，而公共交通却无法完全满足的情况下，旅游交通逐渐成为一种特殊的交通模式。其实，旅游交通与交通运输区别甚微，它们只是理论上有区别，而在现实生活中与普通无区别。综合来看，旅游交通是一种以旅游者为主体直接或者间接地为其提供交通运输服务的一系列活动，是随着人们生活水平的提高，对交通活动的一种需要，可以说旅游交通是旅游产业的一个新兴部门，已经受到此方面专家的关注。

总之，可以看出，旅游交通与普通的交通运输并没有十分严格的区分，可以把旅游交通简单分为旅游景区外的交通和旅游景区内的交通。旅游交通从需求和供给两方面来说，不仅为旅游活动提供了前提条件，而且是旅游业的重要组成部分。旅客对旅游交通的要求无非在于加快旅游交通的速度，减少旅行时间，降低旅行费用，舒服、安全到达旅游目的地。

（二）旅游交通的构成

从硬件设施组成来看，旅游交通是由旅游交通线路、旅游交通运载工具和旅游交通港站三部分组成：

1. 旅游交通线路

可分为人工修筑线路和自然形成线路。人工修筑线路包括旅游公路、旅游铁路、旅游索道等。自然形成线路包括旅游空中交通线路、旅游内河与湖泊航线、旅游航海线路等。一般而言，人工修筑的旅游交通线路成本较高，耗资较多，自然形成的线路耗资相对要少。空中旅游交通线路管制属技术密集型行业，成本相当高。

2. 旅游交通运载工具

主要包括现代旅游交通运载工具、传统旅游交通运载工具和特殊旅游交通运载工具。现代旅游交通运载工具包括民航客机、列车、轮船、汽车、地下铁道等。传统旅游交通运载工具包括人力车、轿车、溜索、竹筏、羊皮筏等。特殊旅游交通运载工具有热气球、索道、宇宙飞船等。现代旅游交通工具是当今旅游活动中的主要运送工具，而传统旅游交通工具和特殊旅游交通工具只起到对现代旅游交通工具的补充、辅助作用。

3. 旅游交通港站

这是旅游交通运输的起点和终点，旅游者的集散地。根据不同的运输方式，旅游交通港站可分为机场、港口码头、火车站、汽车站等。旅游交通港站的选择与确定，都要根据旅游客源市场和客流因素而决定。

旅游交通不能等同于普通的公共交通，旅游交通的特征不能简单地用公共交通的特征或者旅游商品的特征来代替，旅游交通应该突出交通的旅游功能，其主要功能是为了满足旅游者的需要，使旅游者实现快速、舒适的移动，同时也满足旅游者休闲、观赏、猎奇等寻求愉悦的需要，而这些需要与使用一般交通的乘客只实现空间转移的需要是不同的。

（三）旅游交通的层次和特性

旅游交通从涉及的空间尺度和旅行过程可以分为三个层次：

第一个层次是外部交通，即是指从旅游客源地到旅游目的地所依托的中心城市的交通，所涉及的是大尺度的空间位移，跨城际、跨省区、跨国界。外部交通方式主要是航空交通和铁路交通。

第二个层次是中间交通，是指由旅游中心城市到风景区的交通，它所涉及的一般是中、小尺度的空间位移，其交通方式主要是铁路、公路和水路交通，例如，从北京通过铁路或公路到达八达岭长城，从承德通过公路到达避暑山庄。

第三个层次是内部交通，指风景区内的交通，基本是景点间的短距离空间位移。内部交通组成比上两个层次要复杂，视景区规模的大小、景区内地形变化的幅度，景点间的距离，以及景区内旅游活动的特色而异，风景区内部主要靠步行与特种旅游交通，例如索道、游船、滑杆、马匹等。旅游交通介于公用交通运输业与旅游业之间，属于第三产业范畴。一方面，它借助民用客机、旅游列车、游船等专用交通设施，在旅游客源地与目的地之间以及旅游目的地内各旅游活动场所之间，从事旅游者及其行李的专项活动。另一方面，旅游交通业依托运输设施为旅游者提供空间移位服务，并通过这种特殊的无形服务产品生产、交换、消费、创造经济产值，因而是一个新兴的交叉性、服务性产业。其基本特征表现如下：

第一，交叉性。旅游交通是为适应旅游业发展的特殊需要，从公共交通运输业中衍生而成的新兴产业。一方面，它在很大程度上依赖于公共交通基础设施，如铁路、公路、航空、水运航线等，与公共交通业密切相连。另一方面，它以旅游者为主要服务对象和目标市场，与旅行社、景点、饭店等旅游企业保持着密切的业务关系，与旅游业息息相关。比如，旅游汽船和游船只能在连接旅游景点的线路和航线上运营，而且在很大程度上依赖旅行社组织来的客源。因此，旅游交通是介于公共交通业和旅游业之间的新兴交叉性产业。

第二，服务性。旅游交通业不产生有形产品，而是提供无形的运输服务，因而具有明显的服务性。旅游业不同于商品批发、零售等流通性服务业，它一般不代理有形产品的经销业务，而是经销自己的服务。旅游交通企业不销售飞机、汽车等有形产品，只是利用这些有形产品提供并销售无形的服务。可见，旅游交通业比其他服务业的服务含量更高。与普通乘客不同，旅游者对旅行生活的舒适性、游览性和个性化有更高的要求，因此，质量、品种、特色就成为旅游交通服务的核心内容和生命源，从而使旅游交通业的服务性越发重要和显著。

第三，经济性。旅游交通也通过提供符合旅游市场需求的空间移位服务产品，满足旅游者在旅行过程中对交通运输的需求，完全按照经济规律和市场机制运行，以追求最佳的社会经济效益为产业发展目标，是国民经济的重要组成部分之一，因而经济性是旅游交通业的根本性质。

旅游交通产业对国民经济的贡献是多方面的，主要体现在以下几个方面：通过提供旅游交通服务，直接赚取外汇和回笼货币；通过输送客源，促进旅游业整体效益的提高；通过利用既有公共交通基础设施，提高基础设施的利用率，促进公共交通运输业综合效益的提高；通过旅游交通专业基础设施建设和运营成本支出，扩大国民经济总体需求，从而推动建筑、机械制造、石油化工等相关行业的同步发展；通过旅游交通新兴产业的创立和扩张，创造并不断增加就业机会。

（四）旅游交通与公共交通的联系与区别

从宏观上看，旅游交通与公共交通的区别很难划定明确的界限。在旅游客流中，旅游者使用最广泛、最常见的运输方式还是公共交通，例如民航班机、普通列车、长途汽车、客轮、市内公共交通，包括无轨电车或有轨电车、城市铁路、地下铁路、出租汽车等。旅游专用交通在硬件构成上与公共交通毫无区别，因此，旅游交通是同整个交通运输系统联系在一起的，是整个交通运输网络中的一部分，是交通运输网络中派生出的为旅游业服务的部分。

旅游交通由于服务对象的特殊性，在功能上与公共交通存在着较大的差异。旅游交通除了运载旅游者实现空间位移的基本功能外，在不同程度上还要具备能满足旅游者的旅行、游览、娱乐、享受，乃至显示身份、地位的需求，特别是现代特殊旅游交通工具，满足旅游者娱乐、享受、游览需求的功能上升为第一位，乘坐或驾驭这种交通工具已成为旅游地的一项极有吸引力的旅游活动。旅游交通工具的这些特殊功能已具有旅游资源的特性。旅游交通与公共交通的区别具体表现在运输工具的结构、性能、运行规律以及专线线路的选择与设计上。

（五）旅游交通与旅游

旅游是指人们在闲暇时间所从事的游憩活动的一部分，它是在一定的社会经济条件下产生的社会经济现象，是人类物质文化生活的组成部分。在现代社会经济中，旅游已经发展成为一个重要的产业。现代旅游业由旅游主体、旅游者、旅游客体、旅游资源和旅游媒体、交通、宾馆、旅行社等构成。从地理学的观点来看，旅游包括三个主要部分，即旅游客源地、旅游目的地和联系客源地与目的地之间的旅游路径，如图 5 –1 所示。

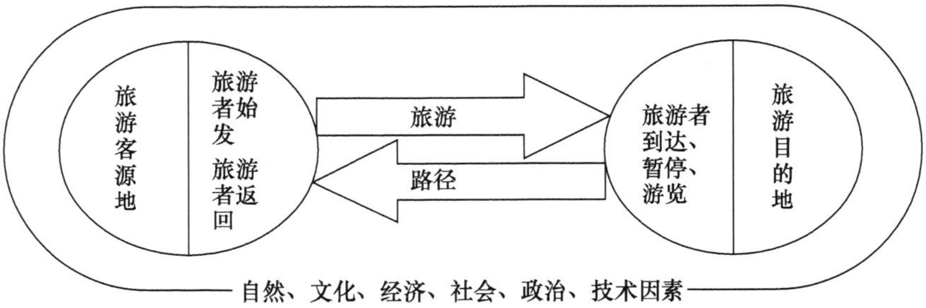

图 5 –1　旅游系统

旅游客源地是旅游者的居住地，旅行从这里开始，也在这里结束；旅游目的地是吸引旅游者短暂停留参观游览的地方；旅游路径是将客源地和目的地两个区域连接的桥梁。

旅游，就其实质而言，包括旅行和游览两方面的内容。一般说来，旅行是过程，游览才是目的。如果没有交通运输工具作为旅行的手段，旅游者很难或根本无法进行游览活动。若想跨过辽阔的海洋，翻越巍峨的高山，横穿无垠的沙漠进行游览，不借助于现代化的交通运输工具，往往难以实现。

1. 交通运输业的发展决定着旅游业的发展

旅游与交通运输业发展的关系在不同的经济发展水平下表现形式并不一样。在经济发展水平不同的国家和地区，交通运输对旅游业发展的决定作用截然不同。在经济发达的国家和地区，现代化的交通运输对旅游业起着推动和促进的作用；在经济不发达的国家和地区，落后的交通运输对旅游业起着限制作用。经济发达国家在工业化的进程中，首先注重交通运输体系的超前发展，形成了四通八达的综合运输体系，从而构成了旅游业发展的良好基础，促进了国际和国内旅游游者为主要服务对象和目标市场，与旅行社、景点、饭店等旅游企业保持着密切的业务关系，与旅游业息息相关。比如，旅游汽船和游船只能在连接旅游景点的线路和航线上运营，而且在很大程度上依赖旅行社组织来的客源。因此，旅游交通是介于公共交通业和旅游业之间的新兴交叉性产业。

第二，服务性。旅游交通业不产生有形产品，而是提供无形的运输服务，因而具有明显的服务性。旅游业不同于商品批发、零售等流通性服务业，它一般不代理有形产品的经销业务，而是经销自己的服务。旅游交通企业不销售飞机、汽车等有形产品，只是利用这些有形产品提供并销售无形的服务。可见，旅游交通业比其他服务业的服务含量更高。与普通乘客不同，旅游者对旅行生活的舒适性、游览性和个性化有更高的要求，因此，质量、品种、特色就成为旅游交通服务的核心内容和生命源，从而使旅游交通业的服务性越发重要和显著。

第三，经济性。旅游交通也通过提供符合旅游市场需求的空间移位服务产品，满足旅游者在旅行过程中对交通运输的需求，完全按照经济规律和市场机制运行，以追求最佳的社会经济效益为产业发展目标，是国民经济的重要组成部分之一，因而经济性是旅游交通业的根本性质。

旅游交通产业对国民经济的贡献是多方面的，主要体现在以下几个方面：通过提供旅游交通服务，直接赚取外汇和回笼货币；通过输送客源，促进旅游业整体效益的提高；通过利用既有公共交通基础设施，提高基础设施的利用率，促进公共交通运输业综合效益的提高；通过旅游交通专业基础设施建设和运营成本支出，扩大国民经济总体需求，从而推动建筑、机械制造、石油化工等相关行业的同步发展；通过旅游交通新兴产业的创立和扩张，创造并不断增加就业机会。

（四）旅游交通与公共交通的联系与区别

从宏观上看，旅游交通与公共交通的区别很难划定明确的界限。在旅游客流中，旅游者使用最广泛、最常见的运输方式还是公共交通，例如民航班机、普通列车、长途汽车、客轮、市内公共交通，包括无轨电车或有轨电车、城市铁路、地下铁路、出租汽车等。旅游专用交通在硬件构成上与公共交通毫无区别，因此，旅游交通是同整个交通运输系统联系在一起的，是整个交通运输网络中的一部分，是交通运输网络中派生出的为旅游业服务的部分。

旅游交通由于服务对象的特殊性，在功能上与公共交通存在着较大的差异。旅游交通除了运载旅游者实现空间位移的基本功能外，在不同程度上还要具备能满足旅游者的旅行、游览、娱乐、享受，乃至显示身份、地位的需求，特别是现代特殊旅游交通工具，满足旅游者娱乐、享受、游览需求的功能上升为第一位，乘坐或驾驭这种交通工具已成为旅游地的一项极有吸引力的旅游活动。旅游交通工具的这些特殊功能已具有旅游资源的特性。旅游交通与公共交通的区别具体表现在运输工具的结构、性能、运行规律以及专线线路的选择与设计上。

（五）旅游交通与旅游

旅游是指人们在闲暇时间所从事的游憩活动的一部分，它是在一定的社会经济条件下产生的社会经济现象，是人类物质文化生活的组成部分。在现代社会经济中，旅游已经发展成为一个重要的产业。现代旅游业由旅游主体、旅游者、旅游客体、旅游资源和旅游媒体、交通、宾馆、旅行社等构成。从地理学的观点来看，旅游包括三个主要部分，即旅游客源地、旅游目的地和联系客源地与目的地之间的旅游路径，如图 5 – 1 所示。

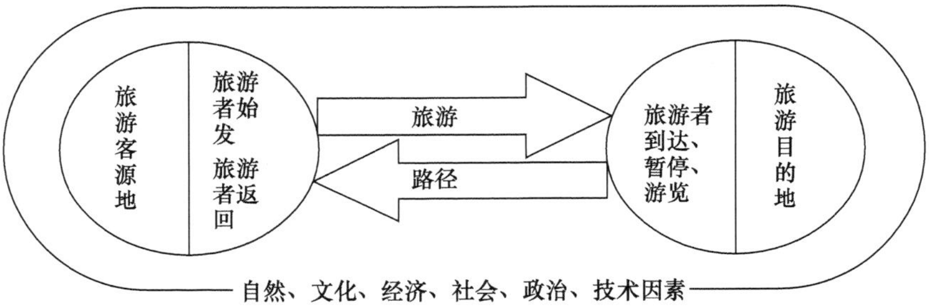

图 5 – 1　旅游系统

旅游客源地是旅游者的居住地，旅行从这里开始，也在这里结束；旅游目的地是吸引旅游者短暂停留参观游览的地方；旅游路径是将客源地和目的地两个区域连接的桥梁。

旅游，就其实质而言，包括旅行和游览两方面的内容。一般说来，旅行是过程，游览才是目的。如果没有交通运输工具作为旅行的手段，旅游者很难或根本无法进行游览活动。若想跨过辽阔的海洋，翻越巍峨的高山，横穿无垠的沙漠进行游览，不借助于现代化的交通运输工具，往往难以实现。

1. 交通运输业的发展决定着旅游业的发展

旅游与交通运输业发展的关系在不同的经济发展水平下表现形式并不一样。在经济发展水平不同的国家和地区，交通运输对旅游业发展的决定作用截然不同。在经济发达的国家和地区，现代化的交通运输对旅游业起着推动和促进的作用；在经济不发达的国家和地区，落后的交通运输对旅游业起着限制作用。经济发达国家在工业化的进程中，首先注重交通运输体系的超前发展，形成了四通八达的综合运输体系，从而构成了旅游业发展的良好基础，促进了国际和国内旅游的全面发展，旅游成为人民生活的基本组成部分。从这个意义上说，发达国家旅游业发展是旅先游后、旅顺游畅。

对于大多数发展中国家来说，整个社会交通发展不足，基础设施落后，在没有综合配套的基础设施的条件下，旅游业要超前发展确实困难重重，特别是投资大、回收率低、回收周期长的交通运输业，对旅游业的发展明显起着限制作用。刺激发展中国家发展旅游业的因素有两个：客观因素是发达国家的旅游者对其旅游的需求；主观因素是发展中国家为平衡和弥补与发达国家间的巨大贸易逆差，需要不断增加外汇收入。因此，发展中国家发展旅游业的首要目标是增加外汇收入，以平衡和弥补与发达国家之间的巨大贸易逆差，一般都采取超前发展旅游业的战略。由此而形成的旅游与交通运输的关系与发达国家的一般进程恰恰相反，是逆水行舟、游先旅后、旅滞游难。

2. 旅游业的发展也促进交通运输业的发展

旅游业的发展也促使交通运输业向前发展，其首要的表现：为满足人们对旅游日益增长的需要，而不断构建和改造交通运输的基础工程，包括道路、桥梁、机场、港口、码头等，并且促使这些建设工程日益向现代化发展。此外，还至少在如下两方面发挥着对交通运输业发展的促进作用：

第一，促使交通运输工具的研制与使用向高速度、豪华、舒适、大型化、多功能方向发展。这种发展主要体现在发达国家。如大型宽体喷气式客机（代表性的是指美国的波音、麦道、欧共体的空中客车）、大型的豪华游轮、高速铁道列车、豪华大轿车、流动旅馆汽车、卧铺汽车、家庭旅游大篷车，以及适于冰雪高原上行驶的雪车，专门为水下旅游研究、制造的旅游潜艇和海底观光船，用于开展骑车登山旅游的山地车，等等。发展中国家主要表现在交通运输工具使用上的不断更新换代。

第二，带动交通运输服务业的发展。旅游不仅促使各种交通工具和设施的发展，也带动了运输服务业的发展。例如，在各种豪华游轮或列车上开展的桑拿、美容、各种艺术表演，以及商业服务等。与此同时，也促使一些新的运输服务业的兴起，例如，国外建在高速公路两侧的饮食、通信、维修网点，自动投币加油机可在24小时内随时服务；广播电台利用新闻节目后的时间或专门频道播送道路交通状况报告；建在野外宿营地或风景区内的、专为自助旅游者开设的汽车旅馆；汽车露天影院；服务周到的汽车出租业，等等。中国目前的旅游交通配套服务项目和水平也在不断地丰富和提高，如在豪华车船上扩展服务内容，各大城市开设汽车出租和交通电台等服务。总之，在交通运输业为现代旅游业提供强大的供给推力的同时，旅游业也为交通运输业的发展产生了强大的需求拉力，旅游与交通运输相互依存、彼此促进、共同发展。

（六）交通在旅游中的地位和作用

在相对分散的旅游区域，旅游业的发展必须依靠有效的、有质量保证的及一定容量的区域交通网。一定的交通基础设施的提供是一个地区发展旅游业的先决条件。交通在新的吸引物聚集体的成功创造与开发及在现存的吸引物集聚体的健康成长中都起着重要的作用，合适的交通系统能使已经衰退的或消亡的旅游中心区重新焕发出生机与活力，并能吸引大量的旅游者前来。一般而言，交通在旅游中的作用体现在以下几方面：

1. 交通是旅游的重要组成部分

在旅游二字中，旅即行，即交通；游即边走边看，又含一半交通。旅游，从字面上已经十分明确地表达了交通是旅游的重要组成部分。从实际情况来看，随着旅游距离的延伸以及景点的增多，交通所占的时间、精力、费用等也均会增加。虽然因为交通水平提高（如速度提高，换乘便利等）、休闲性增强等要素的变化，交通在旅游中所占的时间、精力可能会减少，但费用仍会增加（因为追求高速、舒适、方便等交通服务指标改善）。由此可见，不管旅游业的发展如何变化，交通始终占有重要的地位，是旅游活动的重要组成部分。具体表现如下：

（1）旅游的主要时间消耗。旅游线路不同、内容不一、交通所占的时间消耗比例也不尽一致：距离远，景点多、交通条件差、服务水平低，即典型、苦行僧式的行军游交通耗时可占一大半；即使是单一景点的休闲游（目前采用最先进的交通方式），交通耗时仍占相当大的比例。

（2）旅游的主要费用消耗。旅游中的交通费用视选择的交通方式不同、服务水平高低、交通路线差异，而相去甚远。交通水平高低与其他要素又是互相匹配的。一般而言，交通费用在整个旅游费用中的比例可能会是所有食、宿、行、游四大项支出中最大的一项。相对而言，食宿的支出有一定弹性、难以统一；游的支出也可以放弃一定的景点来降低，唯有交通支出难以回避。

（3）旅游的主要内容。狭义的旅游内容指在旅游景点的活动或称为在出行目的地的活动：广义的旅游内容指整个旅游过程，是一个出行活动的全过程，包含其中发生的一切活动，经历的所有事件，接触的全部景、物、人，产生的各种情感、文化、生活的变化。交通作为旅游中时间、费用消耗最大的一项，必然是旅游的主要组成内容之一，而按广义的概念，则更是精彩多变、充满想象和新鲜感的重要组成内容。因此，充分满足旅游过程和游客各方面不同层次的要求，是旅游交通作为旅游重要内容的最基本、最起码的功能；更生动、更有发展潜力的是将旅游交通作为旅游的重要内容，精心策划，精心组织不但可以使旅游圆满顺利，还可使旅游价值涵盖全过程，创造新的旅游项目，拓展旅游业发展的领域。

（4）旅游的主要效果要素。人们旅游的主要目的是变换生活环境，寻求新鲜健康的生活经历，享受轻松自然多彩的生活乐趣。因此，旅游效果的好坏，可直接评价旅游的成败。破坏旅游效果的因素十分复杂，包括主客观因素，而且呈多变、动态、难寻规律的特征。不过，旅游交通的服务水平肯定是决定旅游效果的要素之一，而且是贯穿全过程、至关重要的一项要素。旅游交通服务水平差，轻则精疲力尽、支出增加、情绪低落；重则生命财产耗损、难以挽回，造成终生遗憾，走到旅游效果的反面。

2. 交通是旅游完成的充要条件

旅游过程一般以景点为节点，以交通路线为连线而形成闭合系统，其中包含了食、宿、行、游等各种活动内容。不管旅游活动是以什么为目的，达到什么等级水平，若要完成此闭合系统运转，交通是充分必要条件；换言之，就是既要有交通路线通达、交通工具输送，又要有交通路线、交通活动将所有旅游内容串连起来，设计出一个较优化的旅游计划，可以说，没有交通就没有旅游。

3. 交通是旅游质量的主要评价项目

旅游质量的评价围绕旅游的四大要素进行，可以按整体质量与分项质量来建立指标体系评价，比较常用的是以游客意见调查征询的办法实施。相对而言，由于游客在文化、地域、经济、兴趣、性格等诸多方面存在较大差异，从而对食、宿、游方面的质量评价有较大的弹性；而对交通质量的评价则比较一致。在对众多旅行社的寻访中发现，反映旅游质量问题的投诉中，交通问题占了相当大的比例，而且往往起决定性的作用。旅游交通从初级的通，中级的快，到最终发展为快、舒、灵。快，指从始点出发到目的地的途中速度要快，时间要少。舒，指交通方式的舒适度，尤其是利用夜间完成交通过程而降低费用与时间消耗的安排，舒适度是第一位质量标准。在景点间的交通过程，应以舒适为主，不要以速度为主要选择指标。灵，指交通方式的衔接紧凑、方便、可靠，既要减少候车（机、船）时间，又要减少疲劳、危机感（如不安全、不可靠等）。由此可见，旅游质量的好坏在很大程度上取决于旅游交通质量的好坏。尤其是当旅游业由“饥渴型”向“温饱型、享乐型”发展时更是如此。

4. 交通是旅游发展的主要保障

旅游业从以浏览自然景观为旅游载体的自然资源游的开发，到以人造景观为旅游目标的人造景点游的兴起，直至发展为以休闲享受为旅游目的的度假康乐游。一旦认清了旅游业这项低投入、高产出的无烟工业优势之后，任何一级政府都会将旅游业发展作为支柱产业。然而，现代旅游业发展也是一项高科技现代化产业发展的过程，需要科学合理地规划，需要各项软硬件配套，其中，交通作为旅游的组成部分，旅游成功的保障、旅游质量的主要表现，是旅游业发展的主要保障条件之一。

一方面，交通是旅游路线设计的主要依据，是旅游客源的主要保证条件，是旅游项目吸引力的形成要素，是旅游收入的主要来源，是旅游组织的基本要点。这些均是旅游业发展规划中的必要条件。正如上海市旅游规划中的“三圈十线”设计，无一不围绕交通而言。其成功与否，也将在某种意义上取决于线、圈的交通服务水平。由于交通不便带来的“景点冷落车马稀”的窘境，在各地并不少见。

另一方面，交通也为旅游开拓了一片新领域、新天地，那就是“交通旅游”。交通旅游即以交通为旅游的主要项目，或以交通为主、景点游为辅的旅游设计。事实上，不管是大都市市民，还是更大数量的农民，对于现代交通方式的体验，大多数是肤浅的、单一的、枯燥的。提供一项能较全面、深入地了解现代交通、体验现代交通的旅游节目，一定会有良好的市场需求。一般而言，旅游发展遵循一个强烈依赖交通的规律：自然景观旅游、人造景观旅游及度假休闲旅游均依赖于交通路线，旅游靠交通发展，交通因旅游兴旺；旅游包容交通、交通即是旅游。这些观念认识在旅游界并非已经得到共识，在交通业则也仅停留在服务的观念层上。行业地域构成的条块割离，更使旅游与交通相溶一体的内在规律被活生生地分离成两个互相独立而需协调的体系，这将是旅游业发展的重要阻力之一。

二、旅游交通在内蒙古自治区旅游发展中的作用

（一）旅游交通的发展促进了内蒙古自治区旅游的持续增长

2014 年，自治区旅游业贯彻落实“8337”发展思路：全力打造“体现草原文化、独具北疆特色的旅游观光、休闲度假基地”，取得了良好的成效，迈出了全新的步伐。2014 年全年共接待旅游者 7581 万人次，同比增长 12%。旅游业总收入 1805 亿元，同比增长 28.63%。其中国内旅游人数 7414 万人次，同比增长 12.13%；国内旅游收入 1745 亿元，同比增长 29.86%；接待入境旅游者 167 万人次，同比增长 3.4%；入境创汇 10 亿美元，同比增长 4.2%。截至 2014 年底，现有 A 级旅游景区 321 个，其中 5A 级 2 家、4A 级 78 家；有星级饭店 332 家，其中五星级 10 家、四星级 38 家；有旅行社 897 家，其中，出境社 53 家、边境社 34 家、赴台社 7 家；全国休闲农业与乡村旅游示范县 5 个，全国休闲农业与乡村旅游示范点 13 个；全区拥有注册导游员 12356 人；全区直接从事旅游业人

数约23万人，间接就业人数约为115万人，旅游从业人数达到138万人，占全区服务业就业总人数的20%左右，初步形成涵盖吃、住、行、游、购、娱的完整产业体系，成为内蒙古自治区的特色产业和现代服务业的支柱产业。快速的国内与海外市场的发展归功于供给方与需求方两大因素的结合。从旅游供给角度来看，10多年来，国内与海外旅游投资的增加使内蒙古自治区具有了一大批具有国际水准的，包括宾馆、旅行社、旅游景点与娱乐设施在内的旅游服务与接待设施。另外，一些旅游交通基础设施的建设也大大改善了内蒙古自治区的可达性。内蒙古自治区旅游的发展与旅游交通条件的改善有着密切联系，高速公路的建成、铁路的提速，提高了旅游者的可进入能力，公路、铁路旅客发送量不断增长。

（二）旅游交通的发展增强了内蒙古自治区对距离旅游流的吸引力

火车的提速、高速公路的不断修建，提高了旅游流的流速，扩大了吸引半径，一些旅游专线的设置，刺激了旅游出行的强度和空间分布，增强了内蒙古自治区对距离旅游流的吸引力，客源结构大有改变，中长距离的客源日益增加。2014年内蒙古自治区接待入境旅游者167万人次，同比增长3.4%；入境创汇10亿美元，同比增长4.2%。其中蒙古国客人总量微增，俄罗斯客人略有下降，港澳台同胞尤其是香港地区客人增长幅度较大，为24.21%。

2014年内蒙古自治区成功举办了“5·19”中国旅游日及中国智慧旅游年主题活动、第25届旅游那达慕、第11届中国蒙古族服装服饰艺术节、中国游牧文化旅游节等节庆活动，呼伦贝尔市“中国冰雪那达慕”被评为“中国当代节庆品牌逾十年著名品牌”。这些活动在提高内蒙古自治区旅游影响力的同时，吸引了大批中外游客的驻足。中国游牧文化节开幕式当天，就接待中外游客10.18万人次。

（三）对区域内的旅游资源的影响

交通是影响旅游资源吸引力大小及旅游开发规划的关键因素，交通基础设施的不健全对于正在开发或已经成形的旅游地来说，无疑是继续发展的“瓶颈”。没有畅通、安全、便利的交通，就不可能有规模化和长期发展的旅游经济。正所谓“蜀道难，难于上青天”，旅游资源本身的品位再高，如果没有快捷、舒适的交通做后盾，将无法充分发挥其潜在优势，经济效益也就无从谈起了。

（四）有利于旅游资源和环境生态的保护

旅游资源分为人文资源和自然资源，自然资源丰富的地区一般交通不发达，经济比较落后。为了发展经济人们只有依靠对自然资源的开采，交通的发展可以带动当地经济的发展，从而减少对自然资源的开采，保护环境生态。目前，旅游可持续发展主要面临两大问题：旅游资源利用与保护的问题；旅游生态环境承载力的问题。由于盲目开发，有些地区许多珍贵的旅游资源在开发的同时遭受人为破坏，而旅游景区则面临着日益严峻的城市出游压力，尤其是世界遗产地，长时间超负荷运转势必使其生态环境遭受致命的破坏，竭泽而渔的经营方略必将导致许多珍贵旅游资源湮灭。另外，交通的发展也可以促进区域旅游的合作，通过合作开发共享旅游资源，有效保护生态环境，通过合理分散客流、减轻超载景区压力，才能实现中部区域旅游可持续发展。

（五）对旅游企业的影响

促进区域内旅游网络化服务的形成。由于旅游交通的发展，使人们出行更加方便快捷，交通的网络化也促进了旅游线路网络化的形成，从而导致了旅游网络化服务需求的出现。人们的外出旅游不再是简单的点—线模式，而是网状模式。因此，一家旅游公司很难实现对客户的全程服务，这就需要与异地的一家旅游公司或者多家旅游公司进行合作，只有这样才能满足人们网络化旅游的需求。另外，交通的网络化使得网络内的各城市之间的联系更加紧密，旅游企业的人、财、物的流动更加频繁，只有提高区域内旅游网络化服务，才能保证旅游经济的顺利运行。

1. 促进旅游信息资源的共享

旅游业是给旅游者提供游、购、行、食、住、娱的产业，旅游业内部之间以及旅游业与其他相关行业必须保持一致才能使旅游经济顺利运行。因此，旅游业中资源共享相当迫切。在信息社会的今天，由于行业运营的复杂性和要求的提高，仅仅依靠传统的手段是无法适应的。目前旅游活动的国际性日趋明显，世界各国旅游业的联系日趋密切，信息化在旅游业中的重要性日益凸显。信息技术日益渗透并改变着现代旅游业，以先进技术为支撑的数字旅游将为社会提供安全、快捷、优质的旅游信息服务，减少旅游者在旅游消费中的风险，增强旅游者对旅游产品的信心，从而加大购买的可能性。数字旅游可以帮助政府部门、旅游企业在海量数据中去有效地获取信息，以辅助科学决策，给旅游者提供网上社区，听取反馈意见和受理旅游投诉等。

2. 促进旅游企业的发展壮大

随着网络技术的发展，网络在经济生活中起的作用越来越大，突破传统营销的方法之一，是充分采用互联网营销，通过互联网络向电脑普及率和联网程度比较高的地区推销内蒙古自治区的旅游形象和旅游产品，具有传统营销无法比拟的优点：只花非常低廉的入网费，可大大节省成本；可以深入到每一个单位和个人。网上营销可根据需要随时进行补充和调整或定期进行更换，易使查询者产生深刻印象并能随时了解内蒙古自治区的旅游发展状况。内蒙古自治区旅游可以探索这方面的道路，进行国际化营销。

（六）对游客的影响

1. 提高旅游者的满意度

当旅游者最终确定了目的地，从开始游览到旅行的结束，这一过程中的所有影响旅游者旅游经历的环境、行为、服务都将纳入对旅行质量的评估或满意度的评估。在食、住、行三项因素中，对餐饮和住宿的评价会因为旅行者不同的个性、喜好而产生较大分歧。但是，对于交通的评价往往却具有一致性。旅途中的舒适度、快捷度等，都是旅行者进行评价的重要方面。因为它不仅影响到游客的日程安排，更关系到游客的精力和心情。安排不当的交通或低质量的交通，会使游客劳累和烦躁，这极大地影响了旅游者整个旅行的质量和满意度，而交通问题也正是目前旅行者投诉的热点问题之一。

2. 对旅游者决策的影响

交通的便利与否是影响消费者决策的重要因素。在旅游者评估选择各个景区的过程中，目的地的可进入性扮演着一个重要的角色。风光秀丽的旅游区常常处于鲜有人迹的偏远地区，如九寨沟风景区，它处于四川省阿坝藏族羌族自治州境内的九寨沟县的山谷中，远离繁华都市，进出十分不便，虽然近年来旅游交通状况有所改善，但交通仍然是主要的阻碍因素。因此，即使旅游者有赴九寨沟游览的愿望，面对交通的不便利性，难免不令人望而却步。旅游者经过思考评估，最终极有可能放弃九寨沟而转向其他旅游目的地。在旅游目的地的选择上，交通的便利与否是影响旅游者决策的重要因素。在旅游者评估选择直至最后决定旅游目的地的过程中，区域旅游的可进入性是十分重要的。同时，旅游交通的便利条件还影响到旅游者的出游半径。

三、内蒙古自治区旅游交通发展现状

内蒙古自治区成立60年来，特别是近年来，交通面貌发生了历史性的深刻变化，取得了令人瞩目的伟大成就。内蒙古自治区交通基础设施建设逐年加快，公路运输车辆迅猛增加，组织管理水平极大提高，服务保障能力全面提升。四通八达的交通使之具有良好的交通区位优势，包括公路、铁路、航空等运输方式齐全，旅游交通格局较为完善，这是内蒙古自治区旅游业得以迅速发展的重要基础。

（一）公路

2014 年，内蒙古自治区全区公路建设完成投资 661 亿元，完成年度责任目标的 102%，创历史新高。2014 年，全区开工建设了 10 个自治区重大公路项目及一大批干线路网建设、改造项目；实施了农村牧区街巷硬化全覆盖工程、嘎查村通沥青水泥路工程、38 个省级领导联系贫困旗县交通扶贫工程。全年新增公路里程 3000 公里，其中新增高等级公路里程 1000 公里。目前，全区公路通车总里程已达 17 万公里，高等级公路达到 2.5 万公里。2014 年，全区经营性公路建设完成投资 131.8 亿元，占公路建设完成投资的 19.9%，同比增长 47.7%；全区农村牧区公路完成投资 75 亿元，较 2013 年度目标增长 25%；新增通沥青、水泥路的嘎查村 720 个，嘎查村通畅率达到 63%，较 2013 年提高 6 个百分点。

（二）铁路

2014 年，铁路新增运营里程 1210 公里，内蒙古自治区运营里程达到 12190 公里，位居全国第一，初步形成了七横五纵、连接三北、通疆达海的客货运输通道建设。2014 年，内蒙古自治区开工建设的铁路项目有额济纳至哈密项目，蒙西至华中运煤通道，锡林浩特至乌兰浩特铁路等，并争取中国铁路总公司年内开工建设京张城际铁路，加快推进通辽、赤峰至京沈专连接线前期工作。未来，内蒙古自治区将着力加强快速客运专线、货运通道和口岸铁路建设，加快实现人便于行、货畅其流、连通俄蒙的目标。

2014 ~ 2015 年，内蒙古自治区拟建成铁路里程 3000 公里，2015 年底实现铁路运营里程 1.4 万公里，在呼和浩特市、包头市、鄂尔多斯市、乌兰察布市间开行时速 160 公里动车组。

2020 年将力争在蒙西主要城市间形成快速客运网，蒙东主要城市融入东北快速客运网，2030 年，形成贯通自治区东西的快速铁路大通道。

（三）航空

“十一五”期间，内蒙古自治区的民航运输总周转量平均增速高达 34%，自治区内机场数量从“十五”末期的 9 个增加到了 12 个，通航城市达 55 个，航线达到 141 条。2014 年，自治区民航旅客吞吐量达到了 1300.7 万人次，同比增长 9.0%；货邮吞吐量 6.7 万吨，同比增长 14.5%。全年共有 39 家航空公司（外航 12 家）参与运营，较 2013 年同期增加 5 家。运营航线 244 条（其中国际航线 11 条、地区航线 5 条），航线总数较 2013 年同期增加 16 条；通航城市 77 个，较 2013 年增加 4 个。

四、内蒙古自治区旅游交通发展中存在的问题及原因分析

虽然近年来内蒙古自治区加大投入，旅游交通得到了多层次、全方位的发展，总体供给水平不断提高，但相对于需求的迅猛发展，内蒙古自治区旅游交通供需矛盾仍很突出，在交通干线至景区、景区内部、景点之间交通仍存在不畅通现象；绕城线的通车虽然使城市中心区与外部连接有所改善，但出入口部位经常出现交通“瓶颈”现象，大量物流、车流形成混合交叉，对本来就不甚合理的区域旅游交通体系形成了压力；旅游交通建设落后于旅游景点建设，堵塞增加、车速放缓、游客出行不畅、各运输方式间缺乏有效衔接、一些景区可通达性差等问题仍困扰内蒙古自治区的旅游交通，制约着内蒙古自治区旅游业的进一步发展。

（一）存在的问题

1. 道路交通拥挤，出行效率下降

市区道路交通拥挤，堵塞路段增多，车速下降，“路上车挤车、车上人挤人”状况未有改变，交通出行时间增长，出行效率下降，主要干道中有61.3%的道路行车速度降低，交通量年增幅达到了7.81%，主次干道平均车速从2003年的28.36公里/小时下降到2014年25.47公里/小时；高峰期中心城区有90%的干道交叉口处于饱和状态。而由于黄金周的出现，游客在时间上的集中程度增加，更造成高峰时期超容量，一些交通设施不能满足短时急剧增长的交通量需要，成为交通拥堵的“瓶颈”。

2. 路网不完善，功能不明确

内蒙古自治区城市公路网目前主要依靠主路和次级干道，支路状况不佳，尚未进行有效的开发利用，路网结构还不完善，路网结构与国际路网规划等级比较（见图5-2、图5-3），这样使得主路及次干道的压力过大，道路网应变能力差，干线公路与城市道路功能不分，尤其在城市中心区附近过境交通与旅游交通相互干扰，车辆交通的通达率低。

3. 公共交通运力不济

尽管首府呼和浩特市的地铁建设已得到批复并开始动工建设，但要形成轨道交通网络还需要较长的建设周期，内蒙古自治区仍处于单一的地面公共交通发展阶段，受出行需要、道路条件所限，内蒙古自治区公交线路还过于集中于繁华商业路段，中心区线路重复系数高，环形线路少，线网设置不合理，换乘不方便，

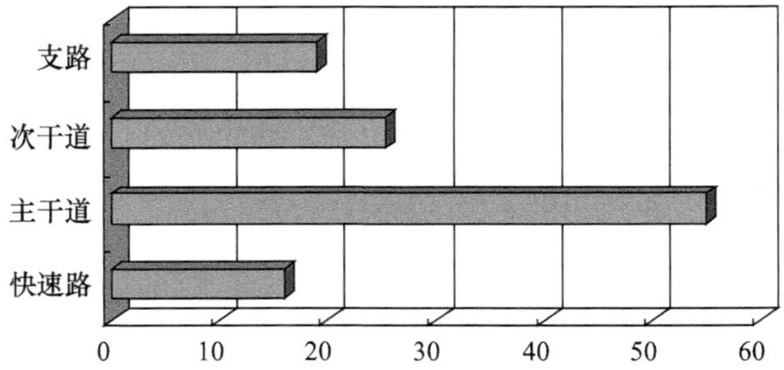

图 5－2　内蒙古自治区路网现状等级结构

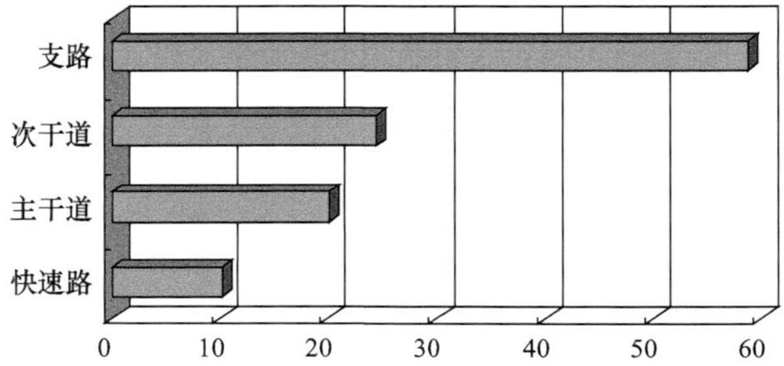

图 5－3　国标路网规划等级结构

市民平均等候时间长。连通全市各景点的旅游观光巴士专线的开通，一定程度上完善了景区间旅游交通布局，方便了游客。但观光巴士专线在功能上还只是公交车在线路前加个“游”字，并不是真正意义上的城市旅游车，它不是景点间的直通车辆，不能直达景点而只是顺路捎到景点，主要还是起城市公交的作用，未能真正与景点相结合，以游客为中心来安排景点和线路，充分体现旅游交通功能。

4. 步行交通系统不完善

步行是城市旅游交通最基本、最必要的交通方式，从任何出行分解的意义上讲，都包括了步行。然而机动车交通优先的城市规划从指导思想上就忽视了步行者，随着城市化和机动化的进程加快，步行环境空间被挤压，大大降低了旅游者步行的心理舒适感和愉悦感。目前内蒙古自治区的步行交通系统还缺乏整体性、系统性，步行交通环境有待改善。

（1）步行系统与外部空间的衔接及换乘设计不完善。步行空间体系外围缺乏足够的停车设施，使得步行与其他交通方式之间的转换相当局促，缺乏必要的缓冲，表现在空间形式上，则主要是交通换乘站点附近往往形成大规模的人流聚集，却难以有效疏散。

（2）步行通道缺乏网络与系统规划，往往只注重局部节点如人行道、人行天桥等，没有充分考虑步行交通的连贯性，与周围建筑功能的协调性和相互依赖性。立体行人过街设施又降低了行人过街的便利性。步行道设计中城市特点体现不明显。步行空间单调、压抑，仅有的人行道缺乏休息场所，狭窄、绿化稀疏，没有考虑座椅、电话亭、绿化小品、环境设施等的人性化设计。

（3）对步行通道管理不善，小商贩占人行道经营，致行人与车流混杂，造成混乱局面。

5. 停车设施缺乏，静态交通矛盾突出

随着旅游业的发展，旅游客流、车流的增长在导致道路交通压力增大的同时，也增加了停车需求。特别是在主要旅游景区、城市中心的旅游商业区，停车设施的不足已成为满足一些旅游景区、商业区发展迫切需要解决的问题。

（1）停车泊位短缺。随着机动车的迅速发展，停车供需矛盾将进一步加剧，而内蒙古自治区公共停车泊位的全年增长远不及私家车一月的上牌数。而随着私家车拥有量的快速增长，自驾游在国内旅游市场发展迅速，但在内蒙古自治区除了成吉思汗陵、昭君墓等景点外，很少有一次性接待400辆以上小汽车的景区，众多旅游景区将面临着旅游旺季停车难的矛盾。

（2）早期车位配建不足，供需能力分布不均。内蒙古自治区早期建设的公共建筑停车位配套建设普遍不足，导致占用城市道路现象严重。目前在城市停车位供应总量中，地下车位与楼内停车位只占停车位总量的38%，而地面停车设施却占到总停车位的62%，大量地面停车位占用道路空间，特别是早期的一些行政办公、餐饮娱乐等建筑，其大量的车辆停靠占用附近城市道路资源，甚至将慢车道全部占满，严重影响了道路通畅，加剧了动静态交通矛盾，而在大召、中山路等商业繁华地区，由于交通强度大、停车需求高，地面停车比例偏高，停车矛盾更为突出。

（二）内蒙古自治区旅游交通存在问题的主要原因

1. 交通基础设施相对落后

经济的持续高速发展，使城市规模不断扩大，外来人口的大量增加、城市化进程的加快、城市用地规模的扩张等引发区域人口基数、人均出行次数和平均出行距离同步增长，三重因素叠加，导致城市及城乡通勤、商务客运需求快速增长，旅游产业、假日经济以及由此带来的旅游休闲客流，同样持续快速增长。虽然内蒙古自治区不断加大交通基础设施建设投入，但增长速度较快，仍赶不上城市交通量年均20%的增长速度。而与国外大城市相比，平均人均道路面积不到国外平均值的1/3；平均道路网密度约为国外的1/4，可见内蒙古自治区城市道路面积不足，交通设施还是相当落后的。

2. 机动车增长速度高于道路增长速度

经济的快速发展，带来交通机动化程度的提高。近几年，内蒙古自治区机动车以40%的增长率上升，而相应产生的市区道路交通量平均增幅超过15%，部分跨区域主干道交通量增幅20%，高速的道路交通需求增长远远超出道路基础设施的增长速度，而现有城市路网一般都是密度低、干道间距过大、支路短缺、功能混乱属于低速的交通系统，难以适应快速发展的汽车交通需要。随着城乡居民生活富裕化，购买力和消费层次的提高，私家车快速进入居民家庭，近4年来内蒙古自治区私家车年增长率维持在40%，2014年末私人轿车保有量185.2万辆，增长16.1%，其中本年新注册轿车25.3万辆。私家车的快速增长，带来了自驾车旅游市场的巨大前景，某些景区人车为患。

3. 城市扩张造成交通“瓶颈”

内蒙古自治区单中心加环线的发展模式必然会导致中心区拥挤与堵塞。从交通需求影响的角度来看，随着都市发展区土地开发和空间拓展，随之而来的是城市交通问题面的扩大。呼和浩特地铁线2015年开始动工兴建，真正形成规模经营还要相当长时间，目前城市公交还只能依赖单一的地面公共汽车，城市公共交通体系单一，道路网体系和功能不完善，路网快速疏解能力严重不足，城市次干道和支路严重缺乏，路网功能级配失衡，道路交通负荷分配不均，旧城改造、地铁建设、立交工程、人行过街地道等工程建设施工大量占用路面和交叉口，内蒙古自治区交通供需矛盾依然突出，还远远不能适应机动化高增长和现代化交通管理的需要。

4. 缺乏整体的交通发展战略

旅游交通建设是一项系统工程，既要研究交通需求和供应的平衡，还要考虑土地和财力的可能，是一项决策性很强的工作。当前出现的旅游交通问题中，其中一个重要原因是，缺乏科学的整体交通战略和规划。10多年来，为应对机动车交通的大幅增长，内蒙古自治区将交通建设的重心一直放在扩大市区道路容量上，交通投资的大部分投向道路特别是干道的建设和改造，认为不断地扩充道路能满足交通需求，但其结果却是大大刺激了机动车交通需求的迅速增长，道路交通拥挤状况不但没有缓和，反而变得更严重，出现了“小汽车交通增长——交通环境恶化——修建道路——小汽车交通量进一步增长——交通环境进一步恶化——再修路”的恶性循环。这种恶性循环所带来的不仅是规模不断升级的道路拥挤，还使机动车所产生的大气、噪声等污染日益严重。在道路建设中，往往只注重提高机动车的通行能力，忽视公共交通线路和车站的统筹安排及合理布置，忽视自行车交通和步行交通建设；只重视市内交通，忽视市——郊、市际交通的建设；只重视动态交通，忽视静态交通的组织建设，没有将停车问题作为综合解决城市交通问题的手段之一，也没有在认识上把停车位与道路等设施看成是同等的重要，对停车位标设、停车场的审批和马路停车位的经营、管理等都在公安部门内运作，没有把城市的停车业作为一种产业，从投资、开发、经营、管理和收费等方面给予一个系统的扶持政策。这样，公共停车设施的建设、经营难以得到合理的投资回报，停车产业的市场经济体系便难以确立，从而无法吸引社会资本对停车设施的投入，制约了停车产业的发展（见图5-4）。

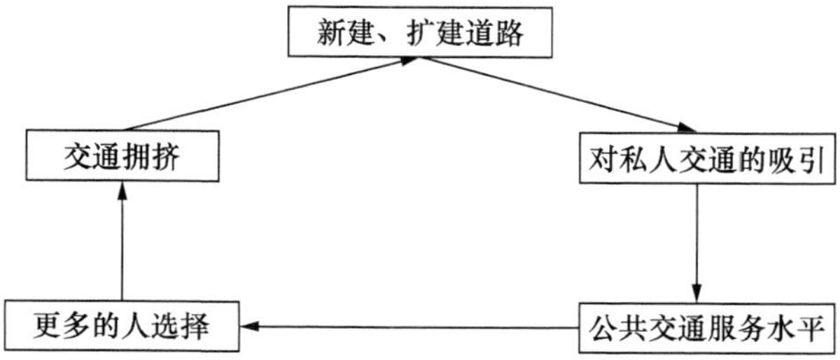

图5-4　交通需求关系的恶性循环

五、旅游交通发展目标

旅游交通发展的目标不仅是实现进出景区的通达性问题，它还涉及旅行的多样性、旅行过程的人性化、促进旅游业可持续发展等内容。如果不能深刻认识这一点，那么就会出现“一叶障目，不见泰山”的不良后果，从深层次上影响旅游业持续、健康发展。

（一）基本目标：“进得去、散得开、出得去”

旅游业的服务对象是旅游者，而旅游者大多来自于旅游目的地以外的客源地。一次完整的旅游行为，其空间分为三个阶段：从常住地到旅游地、在旅游地各景区旅行游览、从旅游地返回常住地。因此，旅游者要到达旅游目的地，首先必须解决交通运输问题；到了目的地后，还要进行游览活动，游览完毕还需及时返回客源地。因此，没有交通，即使两地间存在着极强的吸引力，也不可能产生大量的旅游客流。旅游交通，就是要实现旅游者能够“进得来、散得开、出得去”的任务，旅游交通是旅游业发展的前提条件，没有安全、舒适、方便、快捷、畅达的旅游交通，就不可能有规模化发展的旅游业，无论多有名的风景名胜区，也只能永远处于一种待开发状态，而不能充分发挥其旅游经济效益。因此，旅游者“进得去、散得开、出得来”就成为旅游交通发展的基本目标。只有实现了该目标，才可能会有旅游业的发展。反之，旅游交通实现了该基本目标，也只是其发展的开始，还有更多、更重要的目标需要它去实现。

（二）最终目标：融入旅游

基于旅游过程中交通时间长、费用高、影响度大的特点，将交通融入旅游是“压缩”（从心理感觉上）交通时间，“降低”（交通产生旅游内涵）交通费用，“减少”交通负面影响度的有力措施；旅游者对旅游交通主观上的不必要和客观上的必须之间是一对矛盾，而弱化或解决该矛盾的有效途径是通过一系列措施将旅游交通融入旅游，即让旅游交通成为旅游者整个旅游活动中的重要组成部分，并以此提高旅游者对旅游交通的认同度和满意度，激发其对旅游的兴趣和热情，促进旅游业持续、健康发展。使旅游交通融入旅游，可根据价值工程理论的方法，通过提高旅游交通的价值来实现；而旅游交通价值的提高，则可从提高其功能、降低其成本两方面进行。

1. 提高旅游交通的功能

首先，使交通成为旅行游览的必要准备过程。在旅行途中，可以通过良好的多媒体设备或专业人员为旅游者有针对性地介绍、讲解景区的风土人情、特色景观、注意事项等内容，为旅游者到达景区后尽快地熟悉、融入风景名胜，更好地游览、欣赏风景名胜做充分的准备。

其次，保持旅行与游览同步。把旅行和游览结合起来，保持两者的同步，是将旅游交通融入旅游，提高旅游交通功能的重要方法。实现旅行和游览的同步，可以从三个方面进行：一是对进入景区前的陆上旅游交通线路进行科学、合理的规划、设计，使之与周围的地形、地貌有机结合，寓旅游交通于游览中；二是可以在景区开展直升飞机游览观光；三是对于游江、游湖、游览野生动物园等，通过乘坐特殊的交通工具实现旅游目的，从而也实现了旅行和游览的同步。

最后，在可能情况下，把旅游交通变成旅游者的目的。通过新型的现代化交通工具和能突出表现地方特色与民族风格的交通工具，可以使旅游交通成为旅游活动中的重要内容，甚至在一定程度上成为旅游者追求的一种目的。比如，上海浦东国际机场至陆家嘴全长 29.863 公里的我国第一条高速磁悬浮列车营运线路建成后，旅游者可能会将磁悬浮列车旅游交通视为一种目的，或该次旅游活动中的重要内容。又如峨眉山和黄山景区中分别提供的独具特色的滑竿和轿子等旅游交通工具，都能在不同程度上提高旅游交通的功能。

2. 降低旅游交通中的成本

降低旅游交通成本可以从下述三个方面进行：

第一，节省旅游交通花费的时间。旅游交通时间是指旅游者为了旅游，从出发地到景区以及从景区外到核心景点之间的过程中所花费的时间，可分为实际时间和旅游者感觉时间。实际时间包括乘坐交通工具时间、交通工具中途停留时间、中转换乘时间和购票时间；旅游者感觉时间是指全过程中旅游者心理上觉察到的时间，它与实际时间、途中的旅游交通服务、自身情绪等因素有关。因此，减少旅游交通时间实际上可从减少旅游交通实际时间和通过提高旅游交通服务质量和水平、把旅游交通融入旅游，使旅游者处于旅游兴奋状态等减少旅游者感觉时间进行。为节省旅游交通实际时间，对陆上交通方式而言，就需通过提高旅游交通线路的等级、选择便捷线路、提供优质交通工具来减少乘车时间；通过增加班次，提供多渠道、多点售票服务节省购票时间；为减少中转换乘时间最有效的方法是组织旅游客运联合运输。

第二，严格控制旅游交通价格。进入景区之前为旅游交通所支付的费用一般与公共客运一样，由有关法规、政策决定，而且不同运输方式之间以及同一运输方式中不同运输主体之间竞争非常激烈，较少存在垄断。而景区内的旅游交通一般都具有较强的垄断性质，一些景区的旅游交通价格比门票还高出许多，因此应同控制景区门票价格一样，旅游交通价格的申报、核准、审批必须严格履行行政报批程序。在报当地物价部门核准之后，必须经过当地政府、人大专门机构慎重审定，并举行由地方各界代表组成的价格听证会认真听取意见和建议，在此基础上予以批准实施。同时，还要接受地方政府、人大、政协、物价部门以及社会公众的监督，严禁擅自提价或其他宰客、欺客现象发生。

第三，降低其他旅游交通成本，包括乘坐交通工具的不舒适性和潜在的不安全性等。通过提供高档、豪华、设施完备的交通工具和体现“以人为本”的优质旅游交通服务等都可以有效减轻不舒适性；为减少潜在的不安全性则可通过健全、完善、严格的安全保障制度，意外事故的紧急处理、救援程序和提供人身财产保险等措施来实现。

（三）高级目标：促进旅游业的可持续发展

发达的旅游交通能促进旅游业的进一步发展，但如果旅游交通规划、管理不好就会产生外部不经济性，影响旅游业的可持续发展，表现在以下三个方面：一是破坏景区生态环境，如修建进山公路、在景区内修建索道等都可能破坏景区内脆弱的生态系统。二是环境污染，主要包括空气、噪声等污染，如汽车的尾气、噪声，旅游直升机的巨大噪声等。三是破坏自然风景区的原貌，比如景区中索道的不当建设等。因而，促进旅游业的可持续发展就成为旅游交通发展的重要目标。由此可见，在保护资源与环境，并最大限度地增加旅游者乐趣和给当地带来经济效益的同时，将旅游交通发展对所在地区的负面影响维持在最小限度内，是实现旅游交通发展目标、促进旅游业可持续发展应遵循的基本原则。

（四）人性化目标：实现旅游交通联合运输

旅游交通联合运输是在普通客运交通联合运输的基础上，为适应旅游业发展的需要，而逐渐形成的，是综合利用各种交通运输工具，比较经济、合理、迅速、方便地完成游客运输的一种重要运输形式。它是指通过两种或两种以上的旅游客运方式或同一旅游客运方式的几个不同的运输主体，遵照统一规章或协议，全程使用一种运输票据，联合完成旅游客运任务的一种旅游客运组织形式。旅游客运联合运输具有组织运输的全程性、运输单据的通用性和乘坐手续的简便性，因此给旅游者带来了快速、经济、方便的交通条件，从而缩短了旅游者在旅行途中的时间，保证了他们拥有充裕的游览时间。旅游客运联合运输是旅游服务部门提供的周到、方便的旅游交通服务，它体现了旅游服务部门“以人为本”的“人性化”关怀，能够大大增强旅游者对旅游交通的认同度和满意度，因而应积极组织、发展旅游客运联合运输。

六、内蒙古自治区旅游交通发展对策

（一）国外旅游交通发展经验

旅游发达国家都很重视旅游交通的建设。1987 年，法国政府为试图扭转旅游业下滑趋势，成立了一个宣传促销小组法国的梅森织（Ma51，ndezaFrance），制定了几项新措施，其中之一就是在旅游部门和交通部门之间开展系列联合行动，比如竖立旅游相关内容的路标，开辟旅游大巴专线，并对法国 TGV 子弹头列车和欧洲隧道进行投资，大力发展交通运输业等。在这一政策的激励下，法国在 20 世纪 90 年代初期巩固了自己的地位，旅游收入仅次于美国，位居世界第二位。经济合作与发展组织（1992）的报道中说，法国成为世界重要旅游目的地的主要原因之一是因为拥有良好的交通条件。

安大略省是加拿大旅游业最为发达的一个省，但在 20 世纪 90 年代初期旅游业呈现衰退迹象。加拿大旅游局（Tourismcanada）针对安大略省旅游竞争力下降的分析研究中指出，安大略省的交通运输能力无法满足旅游业发展的需要，并重点列举了以下问题：与美国城市航空联系不紧密；高速公路基础设施老化；机场拥挤；城际铁路网络不发达；没有为高速增长的游船业提供资金。这些问题进一步指出交通运输在提高安大略省旅游竞争力的过程中具有不可或缺的作用。1993 年，安大略省旅游部门在确定促进安大略省旅游业优先发展的事项中突出了交通运输的重要作用：一是进行多伦多皮尔森国际机场的升级改造，并改善从皮尔森国际机场到多伦多的交通；二是对美国游客进入加拿大门户——渥太华、尼亚加拉大瀑布、多伦多、温沙和苏圣玛丽等地区提升档次以吸引游客，并加强尼亚加拉瀑布与多伦多的轮渡、铁路以及其他交通方式的联系；三是改造安大略省的高速公路、空运交通和水路运输设施，发展线性水陆通道，整合各种交通形式——骑自行车、徒步旅行、划船，让游客全面体验安大略省的宜人风景。安大略省旅游和交通部门通力合作，建立和完善了旅游标识牌、旅游服务中心、游客信息中心、地图和高速公路计算机管理等系统，从而进一步促进了当地旅游业的发展。

德国不同等级的城市道路分工明确，一般有三个层次：高速环城公路、城市主干道和城市支路，各级道路的比例较为合理，支路系统发达。在柏林，大多数的城市道路宽度不大，但路网密度却很大，其中3/4是限速30公里的城市支路。步行往往是体验一个城市的最好方式，步行街是吸引旅游购物人流的重要地点，它与城市旅游的开发可以很好地结合起来。德国城市规划十分重视加强它的可达性，又不对周边的交通产生过大的压力，柏林就推出了步行柏林的旅游线路规划，其他城市如汉诺威和斯图加特也有这样的线路，这对于提升城市形象、促进旅游业发展都是有益的经验。欧洲各国公路四通八达，不仅设计先进，而且服务周到，有如下六个特点：

1. 高速公路网络密集、通行方便

欧洲各国公路普遍发达，相邻的国家之间基本上实现了无缝衔接，特别是在申根国家之间，一路畅通，没有一个边检站，较之我国省与省之间的公路系统还要便捷。

2. 依据流量设计车道，根据地形选择材料

在欧洲驾车，堵车的时候很少，一般来说，进出大城市的车道较多，例如进入巴黎市区的车道最多达双向十车道，而在某些山区小镇，则只有两条车道。路面选材也因地制宜，在山区等地方就选择摩擦系数大的沥青路面。

3. 标志、标线、编号系统完善

一般而言，高速公路中标有绿色V字的是欧盟道路，全洲贯通，标有红色A字的为国道，其他各种交通标识也清楚、醒目、易懂，即使语言不通，也很容易明白。

4. 救援、服务、信息等设施完善

除了布局合理的加油站、厕所、超市、食品店、便利店外，公路沿线每隔一段都设有救援电话等设施，特别是在山洞、大桥等区域设置更多安全逃逸和救援通信设施。另外进入城市的高速路口，大多设有地图、信息亭等，给驾车者提供方便的信息服务。

5. 人性化的设计

除了一般的休息区外，在风景特别优美的地方，公路设计者还专门规划了观景台和观景点，设置木制座椅等供游人赏景休息，在一些开阔的地方，还建造了儿童游乐园，备有滑梯、跷跷板等供孩子们嬉戏玩耍。

6. 文明的行车习惯

欧洲驾驶员大部分都非常礼貌，没有抢道的现象，在环岛、路口，大都互相礼让，辅路上的让主路上的先行，拐弯的让直行的先行，前者则远远地停下来，耐心等待。

（二）对内蒙古自治区旅游交通的借鉴

虽然中国的国情与国外不同，但对于中国城市交通，尤其是内蒙古自治区的旅游交通，以下的借鉴意义可供参考：

第一，涵盖旅游交通的交通规划是解决现状交通问题和指导未来交通发展的纲要，应控制好城市发展规模，努力保持城市特色，进行科学旅游交通规划。

第二，交通部门和旅游部门应加强合作，结合城乡、周边城市之间的旅游景点情况，优化组合旅游线路，制定优惠政策，鼓励公交单位和社会营运车辆，重点在双休日和黄金周开通旅游专线。

第三，在城市道路建设中应充分考虑支路系统建设，进行统一的停车规划。

第四，在鼓励汽车消费的同时，避免将城市交通简单理解为小汽车交通，坚持公共交通系统先行的思路，引导城市居民、游客在出行中减少使用私人汽车。

第五，提倡城市旅游交通的绿色、可持续发展理念，将非机动车作为交通有益的补充，充分重视步行通道的建设，因地制宜建立步行系统，可结合地铁发展步行的立体化。

第六，对城市旅游交通要进行统一整体的考虑，在公路建设的同时大力发展轨道交通，发挥不同交通工具的优势，提高旅游交通整体运行效率。

第七，公路网络的完善为自驾车旅游提供了良好的基础设施条件，自驾车旅游将快速发展，相比较欧洲自驾车旅游的成功经验，我国自驾车旅游的配套服务还很不完善，公共交通标识系统不完善、服务设施不完善、道路收费过高、过于频繁等，都影响了自驾车旅游的发展。

（三）内蒙古自治区旅游交通发展对策

1. 科学规划旅游交通

旅游交通规划是旅游业发展规划的重要组成部分，旅游交通的正常、有序发展，关系到整个旅游业的持续发展，而科学的旅游交通综合规划，将为旅游交通业明确发展目标，使得旅游交通各种方式协调发展、优势互补，创造便于游览、舒适、快捷、安全的旅游交通条件，满足旅游消费者的需求，实现良好的社会效益；同时，还能够保持旅游交通供给与需求的总体平衡。为适应城市经济社会的发展和城市建设的需要，内蒙古自治区旅游交通要遵循市场导向、适当超前，对外交通和区内交通建设从制约型转向适应型、超前型，加快交通基础设施建设速度，实现区域外部、内部交通的有机结合，合理调整交通运输结构，促使交通管理进一步科学化，做到公路客运站场、铁路站场、机场相互衔接，信息互通、协调发展，充分发挥各种运输方式的优势，形成铁路、公路、航空相结合，具有足够容量和应变能力，高效率、多功能、立体化的综合交通运输体系，大力发展公共交通，积极引导各种交通方式协调发展；建立方便、快速、安全、准时的客运交通体系；加强对静态交通的管理和建设，逐步形成交通运输结构合理、道路网络快速便捷、运输安全可靠的道路交通运输体系。

2. 建立一体化的建设、运行决策协调机制

建立一体化的规划、建设，运行决策协调机制，是保证旅游交通可持续发展所需外部环境的重要措施。旅游交通系统内各种交通方式的有机衔接，“公交优先”政策的实施等都需要统一的交通管理体制和相应的协调机制作保障。

（1）内蒙古自治区旅游交通综合体系规划重在综合，将体现和实现区域旅游交通网络设施布局的一体化，不同运输方式的一体化，要打破条条块块的束缚，站在旅游交通一体化发展的全局高度进行科学规划。

（2）推进交通运输行业管理一体化改革，建立完善的旅游交通运输体系。与社会经济的市场化改革相比，旅游交通运输改革相对滞后。许多运输主管部门直接管理企业，政企不分，无法根据市场需要合理配置资源，运输效率得不到提高。因此交通管理体制改革，首先要政企分开，建立现代企业制度，全面建立市场准入机制，切实转变政府职能。

（3）成立一个全面负责城市交通系统的组织机构，对参与城市交通系统决策、规划、建设、养护、管理以及运营的各个部门和企业进行统一协调管理，避免城市交通系统建设中出现失误，有效提高城市交通运输系统效率。

3. 土地利用与交通协调发展

目前，城市总体规划中的交通系统规划注重道路网络与交通设施用地规划，而不是广义上的交通运输规划。通常是在城市土地利用后，再配上交通规划，这就很难再从旅游交通角度完善和充实总体规划，当土地利用又有新的变化时，所作的交通规划可能已不适应旅游交通发展的需要。城市的演变是用地—交通一体的演变，发展某种特定的用途可以导致某种相应的交通模式，反之亦然，土地利用与交通系统之间存在互动的关系，土地的不合理布局和开发，将导致交通流的

不均衡、交通系统功能的紊乱，局部地段交通设施的超负荷运行，因此土地利用要与交通协调发展。大型建设项目和用地开发项目必须进行交通影响分析并采取相应对策，确保用地开发与交通设施容量的平衡、开发地块交通与城市道路交通有机衔接。严格控制干道两侧，特别是交叉口周围的大型集散性公建的出入口布置；干道交叉口周围要保留拓宽渠化的用地，主次干道红线应保留公交港湾式车站用地等。

4. 加强旅游交通综合体系的建设

由距离衰减规律得知，随着旅游目的地与客源地之间距离的增加，接待的游客将减少，而改善基础设施尤其是交通条件，缩小旅途时间与成本成为关键。这样将会无形中缩短游客的认知距离，扩大旅游地的吸引距离范围。便利快捷的旅游交通是旅游业发展的重要基础和先决条件，城市旅游交通体系结构很大程度上依托交通基础的完善，构建过程紧密结合旅游地的旅游市场，即要考虑旅游交通的综合性要素，研究旅游交通供给与需求的空间格局和形成特定空间特性的内在规律，从而建立较优的城市旅游交通空间网络。

（1）建设和改善道路网络，提高道路交通容量。城市道路网络是旅游交通的直接载体和交通生产设施，不仅为旅游交通需求提供必需的物理通道，也是旅游交通赖以发挥的重要媒介。建设和改善道路网络，明确不同等级道路的功能分工，调整城市道路网络的功能结构，是消除交通硬件设施的不合理因素，提高可达性和道路交通容量的重要措施。

首先，进一步完善干道网系统，重视支路网建设，大幅提高路网密度。在城市路网系统中，快速路应成为承担机动车交通的主要部分，而支路系统则是分流干道交通的重要集疏系统。今后主城的道路建设重点是快速路和支路网，实现不同功能层次道路的科学级配，提高道路网的应急能力。

其次，道路建设重点逐步由市区向郊区转移，引导和促进远郊新城的发展，支持郊区旅游经济的进一步发展，建设对外交通骨架，重点建设城市快速道路系统。

最后，加快公路运输系统的建设速度，增强旅游点的可进入性。公路运输灵活性较大，能深入到旅游点内部。一般道路都可行驶汽车，投资少，占地少，工期短，见效快。旅游区内部良好的公路运输系统，是促进其发展的重要因素。公路运输最适合内蒙古自治区经济水平落后、地广人稀、景点分散、可进入性差的地区。因此，公路运输系统的建设，在内蒙古自治区地区不容忽视。应制定一些优惠政策，如允许专业旅游汽车公司在开放地区旅游热线开驶旅游运输专营线路等；改变旅游汽车运输落后的现状，争取在几年内使全区的旅游汽车达到 1000 辆以上。交通部门要充分考虑旅游发展的需求，允许未达到报废里程的专业旅游汽车延长使用期；改善旅游汽车的服务设施、增加服务项目，使游人的旅行生活更加舒适方便，同时也使更多的沙漠、草原等天然旅游景点得到充分的开发。

（2）大力发展一体化公共交通。城市公共交通系统是指城市快速轨道交通（含地铁、轻轨等）常规公交等交通方式组成的公共客运交通体系。大力发展一体化公共交通是在可持续发展战略指导下的必然选择。无论从城市土地利用、环境保护还是能源消耗的角度考虑，公共交通都有着其他交通方式所不具备的优势，积极倡导公共交通，建立各种层次的道路交通公交与各种类型的个体化交通协调发展的客运体系对于促进城市旅游交通的可持续性发展具有重要的意义。发展一体化交通表现在交通体系内部的充分整合，实现设施平衡、运行协调和管理统一。设施平衡是指在保持轨道和道路快速平衡发展的同时，重视换乘、停车和管理设施的建设。首先是道路与轨道之间的平衡发展，其次是动态设施与静态设施的协调，再次是以枢纽为联系各系统的纽带，最后通过管理设施将所有交通设施整合在一起。一体化交通体系将由公共客运、道路运行、交通衔接和运输管理四个系统充分整合而成。在协调运营的公共客运系统中，各种方式根据不同的功能定位，合理分工，紧密衔接，轨道交通为主体，公共汽车为基础和出租汽车为补充。在功能完善的道路运行系统中，各种功能等级的道路分层次地合理衔接，公交网络、步行网络、自行车网络和机动车网络平衡发展，停车与行车设施相互匹配。通过多种方式协调的交通衔接系统，提供乘客方便的换乘条件，实现公共交通与个体交通的有效转换，促使对外交通与市内交通紧密连接。建设统一、协调和高效的运输管理系统，以先进的管理技术为手段，促使交通硬件和软件形成最佳组合，发挥交通体系的最大效益。

第一，加强地铁与地面交通的无缝对接。地铁的运营成本昂贵，但载客量大，可疏散城市人口最稠密区的人群，且人均能源消耗是小汽车的1/20，呼和浩特市作为内蒙古自治区的省会城市，在城市化和机动化的双重压力下，交通问题已经十分突出，仅靠地面常规公交已不能满足日益增长的客运交通需求。因此，加快建设轨道交通系统对于支持城市的旅游及社会经济发展，促进城市总体规划的实现，树立公交优先地位，缓解交通矛盾，实现城市综合交通发展战略，改善环境质量都是十分必要的。内蒙古自治区已确定要发展以轨道交通为骨干的公共客运体系，轨道交通网也在加快建设，但在轨道交通未形成完善的网络之前，地面公交承担的客运量将继续呈较快增长，因此有必要加强地铁与地面交通的无缝对接，在轨道规划建设中，事先考虑好沿线车站的配套与地面交通的一体化问题，如地铁站口规划公交站台、设置自行车、小汽车停车场和出租站台等，实现各种交通方式最经济的无缝对接。

第二，构建内蒙古自治区公交运营网络结构。在现有公交模式的基础上再大幅增加运营车辆的投放并不能带来相应运力的提高，即使某些线路状况得到改良，但系统整体效率和整体功能仍将难以满足城市公交交通发展和乘客出行及旅游交通迅速发展的要求。应以结构简单、快速便捷、换乘方便、疏导客流、与轨道交通配合互补为原则，根据市中心地区客流和市中心地区外围客流、干线客流和地区性客流的特点，结合道路结构和分布，构建内蒙古自治区公交运营网络结构模式，将内蒙古自治区城市公交运营网络结构分为市中心地区公交运营网络和外围地区公交运营网络两部分进行构建，以枢纽和走廊干线相连接。在公交网改革中，重新设计公交线路网络，将市区所有公交线路全部进行整合，分为四类：市郊快线、市区干线、环线、支线，并针对以往许多公交路线曲折多弯，耗费乘客时间的缺陷，将全市公交线路取直，形成新的以“线路连接为导向的公交系统”，干线作为客流的主要通道，由支线公交蜘蛛网般的连接至市内外的各个地方。

第三，构建内蒙古自治区公交线路运营组织模式。公交线路运营应与城市道路网络规划紧密结合，有效组织各种公交线路和运营，重点构建运营组织，根据是否考虑运营竞争，每一条线路主方向只安排一路或两路公交车运营，根据客流需求和确定的服务指标要求，合理投放运营车辆和安排不同时段的发车密度，通过车载信息系统掌控车辆全程运行情况和对运行车辆进行路上指挥调度。线路编号，对公交系统进行同意的编号设计，市中心地区公交与外围地区公交、干线与地区线以及支线采用不同的编号序列予以区别，同时还可以采用不同颜色的车辆加以直观区别。市中心地区干线的南北方向线路与东西方向线路还可以分别采用偶数或奇数的方法加以区别等。车辆，客流量大的干线采用大容量、环保型车辆；中等客流量的千线采用大容量和中等容量两种车型相结合；地区线和支线采用中等容量车型以及中小巴士。

第四，加快建立相配套的公交专用道网络。要确立公共交通在城市客运交通体系中的主导地位和落实公交优先发展的原则，仅通过公交模式的重构是远远不够的，必须在道路资源使用分配上普遍给予公交路权优先，使公交车在运行速度和时间保障性方面比私人汽车更具有优势，才能使新模式在路权优先的配合下发挥大的作用，达到全面提升公交吸引力的发展目标。

第五，开设专供旅游观光的旅游专线车。旅游公交线路可交由统一的经营单位来统筹规划，调查所有的旅游景点旅游客运资源，合理规划线路，在旅游和市区客运之间找准平衡点，以便取得经济效益与社会效益的双赢。而定位于联系市区和市区边缘的旅游景点的旅游公交线路，要在线路设计上下功夫，旅游淡季时依靠市区客流来增加效益，旅游旺季时满足游客的出行需要；其次，定位于联系市区和近郊旅游景点的旅游公交线路，应选择市区周边的客流集散中心始发，合理调配运力，满足周末、黄金周市民短途出游的需要。

第六，完善步行交通体系。完善步行通道的网络体系，表现为步行通道系统的整体与其他交通系统的相互联系以及内部子系统之间多层次、多方位的完善组合。首先，公交换乘系统是否完善直接关系到步行系统的可及性，换乘站点与各个公共活动场所之间需要环境良好的步行道连接，使旅游者在换乘的过程中，也能体会到便捷和舒适，从而鼓励更多的人使用公交系统。其次，完善行人过街设施。行人过街设施是步行交通系统是否便捷、人性化的重要保证，行人过街设施形式（平面、天桥、地下通道等）的选取需综合考虑交通、景观、人性化等因素。目前，内蒙古自治区许多行人过街设施设置不合理，这是导致行人违章穿越街道、造成交通混乱与交通事故的重要因素之一。完善行人过街设施，应综合考虑行人过街设施合理间隔，既满足行人的过街需求，避免过大的绕行，又不至于设置过多的行人过街设施，避免造成资源浪费和对车辆交通产生过大的干扰，市中心区行人过街设施的合理间隔一般在 50 米左右，同时应结合交通流量、周边状况，规划建设多处立体交叉口、行人和非机动车地下通道，以利于在中心区形成以公共交通和快速轨道交通为骨干，以步行为主的交通组织。最后，加强对步行通道的管理。对于一座城市的步行通道系统而言，仅有完善的步行设施是不够的，还必须有先进的管理体系，才能保证城市步行交通有秩序地正常运行。在城市道路上设置步行交通标志，引导和促使行人遵循交通管理的指示，保证步行交通及其他交通的安全畅通。

5. 提高城市静态交通承载能力

动态交通和静态交通是构成交通现象不可分割的两个部分，静态交通处理不好，势必影响动态交通的正常秩序，加剧交通紧张程度，影响整个交通体系的发展，解决静态交通问题是一个重要的战略任务。

（1）加强城市静态交通的规划建设。发达国家的城市规划要求城市道路的总面积与公共停车总面积之比为8∶1～9∶1，我国约为100∶1，而内蒙古自治区也同样远远低于这个比例。因此，城市规划应改变将停车设施作为配建、附属设施的观念，进行超前、系统、整体规划，充分体现对停车用地控制的要求，科学制定公共停车设施建设目标，明确分期建设时序和措施。规划中要预留停车用地，并适当调整配建停车指标，科学确定停车设施结构，合理布设公共停车场，并根据城市公共停车的发展，适时进行调整。特别是在对场地选择、规模、出入口的交通组织以及停车方式方法等方面，要按照科学发展的原则进行充分论证。

（2）调整完善动、静态交通体系。一是合理设置占道停车位，提高道路通行率。理想的停车设施结构是建筑物配建泊位占85%，路外和路内停车泊位占5%～10%，其中，路内不超过5%。而目前，内蒙古自治区的路内泊位平均占到总数的23%，从严限制路内停车场设置，比如在停车场库300米内或一定范围内禁止设置临时占道停车场，一方面增加停车场库的收入，增强对市场投资的吸引；另一方面使交通顺畅，提高通行率，减少车辆低速时的废气污染。二是利用换乘控制调节城区静态交通状态。为了控制流向城市和城市中心区的汽车量，建议在城郊主要交通方向或公共交通节点上建设停车场，提供通往主城中心区便利的公交方式，以方便换乘设施，减少车辆的入城需求，以减少汽车尾气的排放。

（3）建立高效停车管理系统。一是制定“路内高于路外，室外高于室内”停车价格。停车价格是调控停车需求的有效手段，价格不但要反映建设与经营成本，而且要引导动、静态交通的合理分布，停车价格的合理制定是推动停车产业化发展的重要手段。南京城区目前的各类停车场不合理的收费，导致一方面泊位日益紧张，另一方面不少室内停车场长期“饥饿”。在五台山附近的一处露天停车场，停车一次，时间在一个白天内只有4元；而在五台山地下停车场，小车每小时为5~6元。停车的价格导向，使五台山地下停车场长期“饥饿”而无法盈利，只能将其部分转租开了书店，以求资产收益的平衡。物价部门通过积极的价格机制合理有效地分流停车需求，确保投资者的利益。在地域方面，市中心、商业区和风景区实行较高收费标准，在其他地段实行相对较低的收费标准，以引导车辆向市区外围停放，缓解市中心及风景区交通压力；提高临时占道停放服务收费标准，引导车辆停放到室内和周边的停车场；在时间方面，中心区或停车困难地区的停车费率实行累进，以提高停车位的使用效率；高峰时间费率高于非高峰时间费率。

二是提倡单位将内部闲置车位提供给社会车辆。对这部分车位的充分利用，应该能较大程度上缓解南京城区的停车难问题。政府可在不影响社会治安环境的条件下，鼓励单位在夜间或节假日向社会车辆提供车位，实行市场调节价。并动员有条件的单位将可资利用的空余地块改造成临时停车场进行对外开放，节约投资资本，提高资源的利用率。

三是加强停车管理信息系统建设，提高停车设施的利用效率。在城市中心部位由于寻找停车场而产生的迂回交通会加剧道路的拥堵，建立公共停车信息诱导系统显得十分重要。建立诱导信息发布平台，通过交通电台、诱导屏、手机短信等多种渠道，发布停车信息，促进停车场地的有效利用；建立资料完整、信息共享的公共停车信息管理系统，并与城市的公交系统、交通管理系统、人防指挥系统等进行有机衔接，调节停车需求时空分布的不均匀，提高停车场地的承载率。

（4）提供适度的停车设施。首先，适度增加城市中心区、商业中心、旅游区的停车设施。为促进内蒙古自治区旅游的发展，要保持中心区、商业中心、重点旅游等地区的停车设施适度供给。鼓励建设占地少、效率高、环境优的（机械式）立体停车设施、停车楼等。对路外停车设施严重不足的地区，可在条件许可的支路上合理安排少量限时收费的路上停车泊位。对新建公共建筑要严格按照新的停车位配建标准配置停车位，增加建筑物配建停车泊位总量。饭店、宾馆类的建筑每客房配置0.4个车位，办公类建筑每100平方米配置0.5个车位，餐饮、娱乐类建筑每100平方米配置2.0个车位。同时结合地区的更新和美化，充分利用地下空间和边角地，设置社会公共停车场。对重点旅游区，可结合周边用地、景区环境等因地制宜增加停车设施，可在市郊等处设立旅游集散中心，对外地12座以下车辆限制进入核心景区，需换乘旅游观光大巴进入核心景点，减轻旅游景点高峰期的停车压力。

其次，逐步增加和严格配足居住区停车设施。适度满足小汽车进入家庭的发展需要，居住建筑车位供应总量控制在4户家庭或者3户家庭拥有一个车位的水平。对新开发的居住区严格按照配建标准要求配建停车泊位，配建标准：建设面积小于80平方米的住宅，每户配置0.3个车位；建筑面积大于80平方米，小于120平方米的住宅，每两户配置1个车位；建筑面积大于120平方米的住宅，每户配置0.8个车位。

6. 提高交通管理的科学化与现代化水平

为了改善交通系统的性能，一方面需要改造路网系统、拓宽路面、增添交通设施以及道路建设等城市旅游交通所必需的“硬件”建设，另一方面需要通过提高交通管理的科学化与现代化水平，来提高现有路网的交通性能，改善整个道路交通管理的效率。

（1）实施交通需求管理。与发达国家城市相比，内蒙古自治区的道路基础设施无疑是落后的，因此扩充道路设施，逐步完善道路网结构是应该的也是必需的。但是将主要精力和投资放在市区道路扩充上是不正确的，应该道路建设与交通需求管理两手抓，借鉴新加坡和伦敦等城市的经验，研究导入“电子化道路拥挤收费系统”，针对旅游交通布局的时空不均衡，增加旅游旺季的交通运载能力，用政策和经济杠杆抑制交通拥挤区域的交通需求，寻求在交通结构优化的前提下满足交通需求。机动车交通量的持续增长是造成交通拥挤堵塞的重要原因，为了使交通需求高效化从而减少拥挤现象的发生，交通需求管理可通过改进机动车利用方式及机动车交通管理和停车政策来诱导机动车的合理利用。机动车利用方式的改进，包括多人共乘机动车，减少驾驶公用车辆回家，通过合理化物流系统来减少货车交通量等，诱导政策包括通过削减机动车通行空间等方法降低机动车交通的吸引力，诱导使用公共交通方式，在市中心建立步行街，在其周边设置停车场，限制机动车的自由出入和行使等。

（2）发展城市智能交通系统。发展城市智能交通系统（ITS）是未来城市交通的发展趋势。城市智能交通系统（ITS）是通过全球定位系统（GPS）技术、无线通信技术、互连网技术等技术的有机结合，利用城市交通地理信息系统的数据库操作技术和空间分析技术，建立整个城市的数字交通信息服务体系，可对交通系统的空间、时间和属性特征进行描述，为城市交通管理、车辆导航、客货运输调度、居民出行等提供有效的信息服务。如果内蒙古自治区能尽快启用城市智能交通系统，交通指挥中心就能发挥更大的作用，大大提高内蒙古自治区交通运行效率。

七、结论与讨论

交通是社会大动脉，是社会发展的血液，对旅游业的发展至关重要。每次交通方式的变革都会对旅游业产生重大的影响。高质量的交通作为重要的交通方式，它的建设是社会发展的需要，高速公路和高速铁路的运行不仅有效地缓解了运输压力，还推动了社会的发展、经济的进步、旅游业的繁荣。

旅游活动是一种社会现象，也是一种社会关系，更是一种文化行为。高质量的交通缩短了人类之间的时空距离，使世界越来越小，正在逐步变成一个“地球村”。这也就造就了现代的旅游活动。它改变着人们的行为方式和社会关系。本书通过研究得出以下结论：

首先，旅游交通，特别是那些高质量的快速旅游交通对旅游业有显著的影响，如高速公路、高速铁路等。这些交通方式影响人们的出游决策，正明显改变着人们的旅游目的，使差旅型旅游者来往更加便捷，吸引更多差旅型旅游者来目的地旅游办公，同时增加了消遣旅游和探亲访友的旅游人次，使旅游目的地的旅游项目日趋多元化；人们的旅游方式随着交通的发展也发生了很大的变化，自驾车等个人旅行方式越来越成为人们旅游的重要方式；人们的旅游频率和旅游意愿也有明显的增长，“一日游”、“两日游”增多，“重游率”比率有所提高。交通在一定程度上也在改变着人们的生活方式。

其次，旅游交通是旅游业产生和发展的先决条件，它的健全在一定程度上能够促进旅游资源的开发和完善。交通条件的改善不仅提高了旅游景区的可进入性，同时使景区的规划和开发更加合理，进而提高游客对景区的认知程度。旅游交通方式的变革促使旅游人次的增加。总之，旅游交通与旅游发展息息相关，它不仅改变着旅游者的旅游行为，还对旅游资源开发和旅游企业的发展提供充足的动力。从整体上为内蒙古自治区旅游业的发展创造了很大的机遇。

最后，旅游交通越来越成为人们进行旅游活动的重要内容，随着交通条件的不断改善，旅游交通不仅使旅游更加便捷、舒适和安全，它本身也成了人们寻求刺激、追求好奇的一种体验。高速公路刺激了自驾车体验者的兴盛，高速铁路及列车优美的外观及舒适的内部环境本身就是一道亮丽的风景，作为一种旅游吸引物吸引人们前去乘坐体验。这些交通方式在拉近人们时空距离的同时，也拉近了人们的“感知距离”和“情感距离”。

专题报告

第六章

内蒙古自治区跨国旅游合作

随着国家提出“西部大开发战略”，西部边境地区的边境贸易发展就受到广泛关注，为内蒙古自治区边境地区对俄、对蒙旅游合作的发展创造了优越的环境。内蒙古自治区依据其独特的地理位置和在向北开放战略中所处的重要地位，依托边境口岸，开展与俄蒙毗邻地区旅游业的跨国合作有较强的现实意义和潜力优势。目前，内蒙古自治区已形成了以口岸为依托的沿边开放带，以发展对俄、对蒙以及对东欧等国的经济贸易技术合作为重点，带动资源开发和经济发展的格局。充分重视内蒙古自治区跨国旅游合作，既能够实现边境口岸地区优势互补，加快民族地区的经济发展进度，获得良好的经济效益，又能维护我国的周边安全、对东北亚区域经济合作等都具有重要的现实意义。

一、内蒙古自治区跨国旅游合作可行性分析

中俄蒙三国在促进旅游业发展方面有着共同的利益基础，开展内蒙古自治区跨国旅游合作既能够实现边境口岸地区优势互补，加速一体化进程，获得良好的经济效益，又能维护边境地区和平与安全。

（一）内蒙古自治区跨国旅游合作的有利条件

1. 国内外发展环境良好，内蒙古自治区跨国旅游合作开展的外部环境稳定

综观国际政治格局，中国与周边国家政治局势稳定。和谐的政治格局对于拥有众多边境口岸的内蒙古自治区地区经济发展来说如虎添翼，同时也为地区边境旅游的发展搭建了广阔的平台，加强了区域内边境城市与邻国的双边、多边旅游合作。良好的国际政治环境，使得内蒙古自治区边境旅游迅速发展壮大，并且逐渐成为了一个新的经济增长点。

2011 年 12 月 16 日，俄罗斯正式加入世贸组织。俄罗斯入世和已获批的“远东和贝加尔地区 2025 年前社会经济发展战略”，标志着俄罗斯远东地区新一轮的开发正式拉开序幕，也为具有明显区位优势的内蒙古自治区对俄口岸地区带来新的发展契机。与此同时，2012 年和 2013 年，中俄互办“旅游年”，为两国的旅游发展带来了前所未有的机遇，随着中俄战略协作伙伴关系全面、深入发展，两国旅游合作焕发出勃勃生机，这些优势无疑都会将内蒙古自治区边境地区开展对俄旅游合作推上历史上的新高度。

目前，国内经济形势良好，国内大环境安全稳定。国家对北疆地区的重视度不断上升，为内蒙古自治区边境地区对俄、对蒙旅游合作的发展创造了优越的环境。

2. 边境线长、对外开放边境口岸数量多，跨国旅游合作开展的地缘优势明显

内蒙古自治区作为横跨东北、西北的区域，素有“东林西铁、南粮北牧、遍地矿藏”的美称。内蒙古自治区东部与黑龙江、吉林、辽宁三省毗邻；南部、西南部与河北、山西、陕西、宁夏四省区接壤；西部与甘肃省相邻；北部与蒙古国为邻；东北部与俄罗斯交界。19 个边境口岸地区与临国对应城市直接由公路、铁路、河运航线及航空线路等交通线路相连接，成为内蒙古自治区乃至北疆地区对外开放、开展国际贸易和边境贸易的门户。以边境口岸建立起来的合作地带通常具有极强的旅游导引功能与良好的可达性，成为相邻国家（地区）间旅游合作开发的优选区位，也是跨国旅游合作初期阶段的基本空间形态之一。以内蒙古自治区所辖的满洲里口岸为例，它是全国最大的铁路口岸、中俄最大的贸易口

岸，被誉为欧亚第一大陆桥的桥头堡。早在1992年，国务院就批准满洲里市对外开放，并批准开办满洲里至俄罗斯赤塔和乌拉乌德的边境旅游，使满洲里市经济开始出现跳跃式发展的局面。与内蒙古自治区接壤的俄罗斯赤塔州也把发展地区旅游业作为地区经济发展的主要任务，在不断推动中俄边境旅游的发展。2012年和2013年，中俄互办“旅游年”，为两国的旅游发展更是带来了前所未有的机遇。

3. 中蒙、中俄相关边境贸易协定基本完备，为跨国旅游合作提供政策保障

在中国的边境贸易中，中蒙边境贸易一直扮演着重要的角色。中蒙两国边界线长达4710公里，自中蒙贸易关系正常化以来，双边边境地区的经贸得到了巨大的发展。随着国家提出“西部大开发战略”，西部边境地区的边境贸易发展就受到广泛关注，包括中俄边境贸易和中蒙边境贸易等。国家也相继出台一系列鼓励边贸发展的法规和政策，如2005年6月，国务院出台了《关于促进东北老工业基地进一步扩大对外开放的实施意见》，2007年制定了《东北地区振兴规划》，与蒙古国相邻的呼伦贝尔市、兴安盟、通辽市、赤峰市和锡林郭勒盟等地区都是重点规划的地区，政策优势与区位优势为东北地区乃至整个中国扩大对蒙古国的贸易提供了契机。2010年6月1日温家宝总理访问蒙古国，与蒙古国总理巴特包勒德在乌兰巴托举行会谈并出席了9个合作文件的签字仪式，《中蒙政府间边境管理制度条约》是其中之一，对完善保护蒙古国边境、预防边境违法行为、强化法律环境以及对两国边境地区的经贸关系在法律环境下发展提供了便利。

苏联剧变以后，人们曾对中俄关系走向存有疑虑。然而，十多年的实践充分证明，中俄关系的发展总体来说是比较顺利的，在政治、经贸、安全、外交、文化、科技等领域都有显著成就，尤其是1996年中俄战略协作伙伴关系的确立和2001年《中俄睦邻友好合作条约》的签署都标志着两国政府和人民决心将全方位、多层次的双边关系推向新的高度，从而为今后的进一步发展奠定了良好的基础。中俄两国贸易额自2000年以来连续五年的破纪录增长，使两国的贸易达到了一个新水平。充分重视中俄边贸不仅对我国边贸的进一步发展，而且对中俄双边关系、对我国的周边安全、对东北亚区域经济合作等都具有重要的现实意义。

4. 口岸开放数量和质量不断提升，双边贸易形式日益多元化，跨国旅游合作时机成熟

中蒙边境口岸开放无论从数量上还是从质量上都达到了较高的水平。2004年7月5日，两国签署了《中华人民共和国政府和蒙古国政府关于中蒙边境口岸及其管理制度的协定》，该协定取代了1991年签署的相关协定，开放了13对边境口岸，其中9对分布在内蒙古自治区与蒙古国的接壤边界地区，4对分布在新疆维吾尔自治区和蒙古国的接壤边界地区。13对口岸中有7对口岸为季节性开

放，6对口岸为常年性开放。近年来随着双边贸易发展，沿两国边界开放常年和季节性口岸已增加至18个（包括满洲里、呼和浩特、海拉尔三个航空港），这些口岸在两国经贸合作特别是边贸合作中发挥着重要作用。中蒙两国政府也高度重视双方经贸的发展，这为中蒙边贸的发展和升级确立了良好的基础。

中国游客赴俄边境旅游更加便捷。自2005年9月20日起，我国旅游团队赴俄罗斯旅游可通过中俄互免团体旅游签证渠道进行，按照这一政策，免签证团队游客5人起成行，旅行社只需填妥一式五联的“中国公民赴俄罗斯旅游团队名单表”并由相关部门盖章后，一至四联分别由中方边防检查站和俄方边防检查站出入境验收，另一联由中方旅游行政部门留存即可。

5. “三横九纵十二出口”交通网络的构建、30条出区通道的建成，保障了跨国旅游合作交通连接

“三横九纵十二出口”是内蒙古自治区按照国家“九五”计划和2010年远景目标规划的总体要求，从内蒙古自治区实际和交通现状出发，结合全国国道主干线规划，提出的内蒙古自治区公路发展总体思路。它以三条横贯自治区东西、九条纵贯南北的公路主干线、十二个主要出口路为骨架展开布局的，总规模14700公里。“九纵十二出口”全长5007公里，其中九纵长3976公里，“十二出口”长1031公里，是纵贯内蒙古自治区南北的运输干线和出口通道，是内蒙古自治区北开南联、沟通区内外的重要公路线，是我区通往蒙古国、俄罗斯及毗邻八省区的主要运输线，这对促进内蒙古自治区与边境和周边地区之间经济、技术交流起到非常重要的作用。

内蒙古自治区30条出区通道的建成，是主动实现与全国骨架公路网融合的重要举措，也是内蒙古自治区更好地融入京津冀、环渤海和东北等经济区的基础保障，对内蒙古自治区实现资源转换、产业承接和全面建成小康社会、巩固民族团结进步具有重要的意义，为内蒙古自治区直接对接国内外主要客源市场创造了极为有利的基础条件。

（二）内蒙古自治区跨国旅游合作的制约条件

1. 中蒙边境口岸建设滞后，复杂的国际关系影响显著，跨国旅游合作基础有待进一步夯实

中蒙边境贸易地区均地处中国和蒙古国的偏远地区，经济发展落后、建设资金短缺，使得口岸建设跟不上口岸经济的发展，因此制约了边贸的发展，这是双方共同的突出问题。更为严重的是蒙古国国民经济长期低谷徘徊，影响了公共基础设施的建设，蒙古政府对营建畅通的物流体系信心不足，投入不够，因此长期以来，特别是在边远的季节性口岸，蒙方的道路问题就特别突出。

同时，蒙古国国家政治经济体制改革力度大，法制不健全、贸易不规范，在政策制定上常存在急转弯式、突然袭击式的变化，尤其是在经济体制改革中采取的经贸政策的变化，给边境贸易带来了不稳定性和不可预见性，对双边贸易产生一种潜在的消极影响。且蒙古国经济发展水平和购买力水平较低，国民经济长期在低谷徘徊，主要进出口商品质量和数量参差不齐，进出口商品结构多年未明显改善和变化，对进一步扩大双边贸易存在较大制约。

2. 缺乏口岸旅游发展规划，口岸旅游联动发展意识薄弱，跨国旅游合作方向性不明确

从西部地区整体来看，现有的跨区域旅游规划主要是针对一些围绕主体品牌旅游线路产品而形成的沿线带状旅游区编制的旅游规划，如《长江三峡区域旅游规划》、《香格里拉生态旅游区规划》、《青藏铁路沿线地区旅游规划》、《丝绸之路旅游区规划》和《旅游产业灾后重建转向规划》等，缺乏西部地区主要旅游合作区，即西南旅游区、西北旅游区的整体规划，从西部全局发展出发编制的西部旅游总体规划更是空白。随着区域旅游合作进程的加快，需有一个以整体的发展思路为指导的跨越行政区的完善、细致、务实区域旅游规划，从短期、中长期和长期三个层面对区域旅游合作的目标和运行进行统筹，才能实现西部区域旅游合作的长足发展。

3. 旅游产品季节性问题突出，配套设施完善两难，跨国旅游合作服务质量有待提升

近年来，内蒙古自治区在旅游景区建设、旅游形象宣传、旅游精品打造等方面取得了显著进步，但与国内旅游发达省区相比，还存在很大差距。全区旅游投资总量不足，高品质旅游资源开发层次低，缺乏世界级精品景区，国家级旅游品牌数量少；内涵挖掘不足，缺乏对旅游文化的深层次系统开发；旅游商品的开发力度不够，缺少精品名牌的旅游纪念品，旅游购物环境有待进一步改善；旅游宣传推广不到位，旅游综合吸引力有待全面提升。加之，自然环境、气候条件的制约，内蒙古自治区旅游季节性问题突出，旅游旺季持续时间短多集中在7～9月。近年来，各盟市都在积极拓展旅游产品，增加冬季旅游产品比例，但总体改观不明显。造成旺季游客数量激增，旅游景区、景点、旅游饭店、旅游交通等基础设施和服务设施严重不足，服务水平和服务质量受影响，顾客满意度不高；而淡季又出现大量旅游设施闲置，影响旅游企业的营运及旅游经济水平提高的局面。

4. 旅游资源空间分布分散，旅游市场吸引力不均，跨国旅游合作辐射范围分散

内蒙古自治区拥有积淀深厚的红山文化、蒙元文化、辽文化等历史文化旅游

资源；蒙古族为代表的北方少数民族多姿多彩的民俗文化旅游资源；草原、沙漠、温泉、森林等北国自然风光自然旅游资源；夏季凉爽的气候旅游资源；冬季严寒的冰雪旅游资源；现代经济发展造就的旅游城市及不断发展的边境口岸等构成内蒙古自治区旅游业发展的优势资源，为内蒙古自治区旅游开发奠定了良好的基础。由于地域跨度大，景区、景点分散，且12盟市经济发展程度不一，旅游服务水平、接待能力和客源市场的吸引力也不尽相同。中部地区旅游业发展较早，地理位置优越、发展水平较高，市场占有率较高，但进一步发展的余地有限；东西部地区次之，发展空间大；边境、口岸起步较晚，规模有限，但发展潜力巨大。从旅游消费角度而言，旅游者花费在旅游路途上的时间较长，时间成本、交通成本也都相对较高，不利于旅游产品和旅游线路的优化组合。同时，19个对外开放口岸除呼伦贝尔市较为集中外，其他地区分布都较分散，且各口岸的边贸经济发展水平不一，辐射带动能力不同，在实施跨国旅游合作中，其辐射范围势必较为分散，不利于跨国旅游影响力的形成。此外，旅游签证办理的便捷性、边检效率等也对跨国旅游合作的实施构成了一些影响，有待进一步完善。

（三）内蒙古自治区跨国旅游合作的良好机遇

1. 振兴东北地区等老工业基地战略的实施，内蒙古自治区东部地区跨国旅游合作有望深入

2007年8月，国务院批复《东北地区振兴规划》，将内蒙古自治区东部地区纳入规划范围。内蒙古自治区东部地区紧紧抓住我国东北经济区深化合作的机遇，推动经济大发展。以兴安盟为例，自纳入规划范围以来，积极参与东北三省的产业分工，不断提升区位优势，加快构建联通东北的公路、铁路、电网等通道建设，在规划编制、政策争取、项目对接等方面取得实效，区域合作逐步深入。在规划领域、政策和资金争取上，构建东北地区综合交通运输网络、东北大电网、东北地区大生态方面，在产业发展等诸多层面要进行广泛合作。

在旅游发展方面，国家旅游局、国家发改委正式批复实施《东北地区旅游业发展规划》中，明确提出经过10年左右的努力，将东北地区打造成综合旅游板块，成为世界知名的冰雪休闲度假旅游区、中温带生态旅游区、东北亚著名的历史文化综合旅游区和商务会展旅游区。

2. 中俄蒙三国边境地区发展重视度高，内蒙古自治区跨国旅游合作机制有望进一步完善

2005年3月，在蒙古国首都乌兰巴托市举办两年一度的旅游论坛和旅游展览会期间，蒙古国道路交通旅游部部长和国务秘书等要员与中方代表就旅游方面的

发展和合作进行了深入探讨，就双方的旅游基础设施、交通、签证、吃、住的有关事宜和旅游服务的价格问题交换了意见，并达成共识：双方要尽快建立旅游协调机制，进一步加强旅游协调工作和研究解决旅游合作中存在的一些问题，促进双方旅游工作的顺利发展；要组织各自地区的大旅行社负责人进行互访，相互了解、促进发展；对开展内蒙古自治区阿尔山地区的边境旅游提出了具体的方案，并探讨了蒙方的特色旅游，如钓鱼游、打猎游、驾车越野游等。

2005 年，俄罗斯总统普京提出了开发远东和西伯利亚的发展新战略。2009 中俄首脑共同签署了“中华人民共和国东北地区与俄罗斯联邦远东及东西伯利亚地区合作规划纲要（2009 ~ 2018 年）”。两国政府分别制定的发展其国家边境地区的战略，不仅促进了各自地区的经济发展，而且为进一步提高俄罗斯和中国毗邻地区的区域经济合作水平提供了良好的机遇。2010 年 11 月 24 日，中国总理和俄罗斯总理宣布，双方决定用本国货币实现双边贸易结算；中国海关总署署长与俄罗斯联邦边界发展署署长共同签署了《中华人民共和国海关总署和俄罗斯联邦边界建设署关于中俄边境口岸发展领域合作的协定》，进一步深化规范通关监管秩序的合作，实施便捷通关措施优化通关作业流程，促进双边贸易便利化。

3. 西部省区与邻国旅游合作取得了长足发展，带动内蒙古自治区跨国旅游合作领域拓展

在西部区域旅游合作进程中，在搭建西部区域旅游合作平台，构建区域旅游合作机制等方面，政府发挥了重要作用。2007 年 5 月 26 日，“中国西部国际旅游区域战略联盟与协作论坛”在温江召开，西部 12 省市区和新疆生产建设兵团签署了《中国西部旅游区域合作协议书》，并通过《成都宣言》，成为西部地区进一步加强区域旅游合作的良好开端。2009 年 3 月，西部 11 省市区的 24 个旅游城市在西安签署《中国西部旅游城市合作协议书》，成立了“中国西部区域旅游合作发展联盟”，正式启动了西部旅游合作机制。2009 年 6 月 18 日，首届中国西部旅游产业博览会在重庆召开，西部 12 个省（区、市）共同签署《中国西部旅游合作框架协议书》，将成立西部旅游联合体等合作机制纳入议事日程，成为打破西部旅游各自为政格局、进入大联合时代的标志。

学界对西部区域旅游合作的研究日益深入，先后召开“中国西部国际旅游区域战略联盟与协作论坛”、“中国西部国际旅游发展论坛”等西部旅游发展研讨会议。企业的互动联合也取得了成效，西部各省区的旅行社、饭店和景区等旅游企业通过各种类型的旅游推介会联手宣传区域旅游产品，共同打造精品路线、共推西部旅游品牌。

西部省市区与国际的旅游合作也取得了长足的进展，主要是在西部地区的边境地区与相邻国家和地区之间进行，以空间相联的紧密型边境旅游区域合作为主

要表现形式，值得内蒙古自治区跨国旅游合作的开展借鉴。

4. 自治区“8337”发展思路的提出，明确了内蒙古自治区跨国旅游合作发展定位

“8337”发展思路具有很强的针对性和指导性，是内蒙古自治区当前和今后一个时期发展的目标方向和重要遵循。把内蒙古自治区“建成体现草原文化独具北疆特色的旅游观光休闲度假基地”就是“8337”提出的发展定位之一，对旅游业的重视程度提到了前所未有的高度，对旅游业的发展也提出了转变发展方式和调整结构的要求。

内蒙古自治区发展旅游业有得天独厚的优势和条件，目前已经形成了以草原观光、民俗体验、沙漠休闲、森林生态与边境旅游为主体的，具有内蒙古自治区特色的旅游产品体系。以 19 个对外开放口岸为节点，发展与俄蒙跨国旅游合作，将有利于内蒙古自治区特色旅游产品的转型升级、提质增效。

（四）内蒙古自治区跨国旅游合作所面临的挑战

1. 黑龙江省对俄跨国旅游合作较内蒙古自治区更为成熟，市场拓展难度大

我国与俄罗斯接壤的省份（自治区）有黑龙江省、吉林省、内蒙古自治区和新疆维吾尔自治区。黑龙江、吉林、内蒙古自治区、新疆维吾尔自治区与俄边境线长度分别为 3045 公里、200 公里、1030 公里和 54 公里。黑龙江省对俄旅游贸易口岸最多，且黑龙江省已获准对外开放一类口岸中，17 个口岸与俄罗斯开通了边境旅游。

内蒙古自治区只有 6 个对俄开放口岸，开通了满洲里市—赤塔市—乌兰乌德市的中俄边境旅游项目及海拉尔和额尔古纳市也开通了到赤塔市的边境旅游项目。与黑龙江相比，对俄开放口岸少，跨国旅游线路开展数量少，跨境旅游接待规模也较小。因此，内蒙古自治区实施对俄跨国旅游合作在市场拓展方面难度较大，需深入调查和对比分析，开发差异化跨国旅游产品，设计精品跨国旅游线路来吸引俄罗斯游客。

2. 内蒙古自治区与蒙古国对应开放口岸及周边省份旅游业发展水平差异明显，跨国旅游合作运作难度大

近年来，中蒙两国政府不断调整和明确旅游业在国民经济和国民生活中的地位，均采取了扩大开放、消除障碍和完善法律等措施，积极发展旅游产业，尤其重视中蒙边境旅游的开展。

蒙古国方面，政府先后出台了一些优惠政策，努力发展旅游产业，以求增加外汇收入、减少失业人数、提高蒙古国的知名度，促进外国企业到蒙古国投资。如 1998 年制定《蒙古国发展旅游纲领》；2003 年定为“来蒙旅游年”；2004 年

定为“开发蒙古年”；2006年借“大蒙古国800周年”之际，扩大宣传、吸引游客欣赏草原风光，领略当年成吉思汗的风采；《2007～2021年国家整体发展战略》中，将旅游业和矿产资源开采业列为带动蒙古国经济发展的重要支柱产业，均为旅游产业发展提供了强有力的支持，也为中蒙旅游合作奠定了基础、提供了保障。2000～2009年，赴蒙旅游人数由13.737万人增至46.485万人，增长了近2.4倍；旅游外汇收入由0.949亿美元增至2.1334亿美元，增长了2.2倍。2005～2009年，赴蒙古国的旅游客流中，中国始终居于第一位，占50%左右；俄罗斯居于第二位，占20%左右；韩国、日本、美国、德国、英国、法国、澳大利亚和哈萨克斯坦各国所占比例依次下降。截至2010年，蒙古国320家宾馆中具备接待国内外游客条件的宾馆仅为60家，拥有国际星级宾馆4家；300多个旅游景点中，星级旅游景点为70多个，旅游公司达520多家，具备了一定的旅游接待能力。但从旅游接待设施规模和档次、旅游接待数量和旅游创汇收入等方面综合来看，蒙古国旅游业发展水平总体不高。

中国依托10个对蒙对外开放口岸，开展中蒙跨国旅游合作，也面临着各口岸经济发展水平、口岸建设完善度、通关能力及辐射带动能力、旅游资源富集度、旅游开放水平等多层面的显著差异，一定程度上也会影响到内蒙古自治区跨国旅游合作的进程。

二、内蒙古自治区跨国旅游合作历史及现状分析

内蒙古自治区4000多公里的边境线和独特的地理位置，使内蒙古自治区在向北开放战略中处于重要地位。口岸经济发展直接关系到全区乃至国家北部边境的稳定和发展，尤其是作为蒙古族人口的主要聚居地，其发展更有利于促进民族经济的发展。目前已形成以口岸为依托的沿边开放带，以发展对俄、对蒙以及对东欧等国的经济贸易技术合作为重点，带动资源开发和经济发展的格局。

（一）内蒙古自治区对外开放口岸分布概况

目前，在内蒙古自治区4200多公里的边界线上，中俄边界线长1010公里（水界900多公里、陆界110多公里），设置有6个口岸（满洲里铁路口岸、满洲里公路口岸、黑山头水运口岸、室韦水运口岸、二卡公路口岸、胡列也吐水运口岸）；中蒙边界线长3103公里，内蒙古自治区有6个盟15个旗（市）与蒙古国6省26个县接壤，设置有10个口岸（二连浩特铁路口岸、二连浩特公路口岸、策克公路口岸、甘其毛都公路口岸、珠恩嘎达布其公路口岸、阿日哈沙特公路口岸、满都拉公路口岸、额布都格水运口岸、阿尔山公路口岸、巴格毛都公路口

岸）。此外还有 3 个国际航空口岸（呼和浩特航空口岸、海拉尔航空口岸、满洲里航空口岸）。

全区现有对外开放口岸共计 19 个，分布在边境 14 个旗（市）以及呼和浩特市和呼伦贝尔市。从东到西合理布局，各自优势突出，发展势头强劲。

（二）内蒙古自治区对外口岸发展概况

1. 对俄开放口岸建设与发展

满洲里铁路及公路口岸，是中国最大的沿边陆路口岸城市，也是欧亚陆路大通道上的重要枢纽，承担着中俄贸易 70% 以上的陆路运输任务。辖区面积 732 平方公里，人口 30 万人，城镇化率达到 100%，居住着蒙、汉、俄罗斯等 20 多个民族。市辖国家级开发区中俄互市贸易区、边境经济合作区，国家级大型煤炭能源基地扎赉诺尔区，自治区级开发区东湖区和产业园区。产业基础日益夯实，形成了国际贸易、跨境旅游、进出口加工、能源开发等口岸特色产业。立体化口岸输运体系不断完善，铁路口岸换装能力达到 7000 万吨，公路口岸年通过能力达到 600 万吨，航空口岸开放层次大幅提升；与俄罗斯、蒙古国、日本、韩国、港澳台地区等 40 个国家和地区建立了广泛的经贸关系，构建了全方位、多层次、宽领域的对外开放格局；社会事业全面进步，先后荣获了“全国文明城市”、“全国双拥模范城”、“中国魅力城市”、“中国优秀旅游城市”、“国家生态示范区”等诸多殊荣。

黑山头水运口岸是 1989 年经国务院批准设立的国家一类口岸。经过十多年的发展，已逐步形成了以进出口贸易为主，以旅游、服务业为辅的口岸经济发展模式，现已建成联检大厅、黑山头口岸码头、口岸海关综合楼、口岸运管值勤楼等基础设施。为适应口岸快速增长的实际需要，拓展口岸发展空间，2006 年 10 月 20 日，中俄双方共同投资建设的黑山头—旧粗鲁海图口岸界河大桥正式完工投入使用，该桥的建成通车对中俄两国旅游及外经外贸业的快速发展发挥着重要的作用。

室韦水运口岸是 1989 年国务院以“国函（1989）26 号文件”批准的国家一类口岸。为适应中俄双方贸易的技术合作需要，经过双方共同努力，2001 年 9 月 22 日，室韦—奥洛契中俄口岸第一桥建成，2002 年 7 月 8 日，正式启用通车，口岸基础设施建设及配套设施相继建成投入使用，口岸通货能力明显提高。现在主要以进口木材为主。室韦口岸所在地室韦俄罗斯民族乡是内蒙古自治区最北部的中俄边陲小镇，是蒙古族发祥地，也是全国唯一的俄罗斯民族乡，两岸人民有着传统的友谊。2005 年，室韦口岸被评为 CCTV 全国“十佳魅力名镇”，旅游业的发展潜力巨大。

二卡公路口岸是1994年中俄政府换文批准开放的公路口岸，当时已建设了部分基础工程。2013年4月底，自治区口岸办与俄边境建设署西伯利亚局在满洲里会谈，双方同意将中俄满洲里二卡—阿巴该图公路口岸开通工作提交中俄总理会晤运输分委会口岸工作组会谈。通过积极汇报争取，自治区口岸办和国家口岸办同意申报开通二卡口岸。国家口岸办同意将该口岸开通补列入国家口岸开放"十二五"规划，并根据口岸建设实际情况补列入口岸开放审理计划，争取早日开通中俄满洲里二卡——阿巴该图公路口岸。

胡列也吐水运口岸以额尔古纳河为界，与俄罗斯赤塔州红石区凯拉斯堆口岸隔河相望。该口岸交通十分便利，不仅在额尔古纳河上可航行百吨货船，而且距海拉尔通往满洲里的301国道及滨洲铁路最近处只有30公里，路况较好，冬夏均可通车。

2. 对蒙古国开放口岸建设与发展

二连浩特公路口岸于1992年开通试运营，是我国对蒙古国开放的最大公路口岸，也是陆路连接欧亚最便捷的通道。2000年6月改扩建旧公路口岸，新公路口岸总占地面积为34.3万平方米。最大通过能力为货运240万吨，客运300万人次。新建联检区设有四进四出八通道，实现客货分流。公路口岸新联检区集通关查验、仓储运输、生活服务于一体，可一次性完成报关报检和稽费征缴工作。近年来，公路口岸货运量、客运量在增加，特别是出口货运量逐年攀升。二连浩特铁路口岸自古就是我国内陆通往北亚、东欧的咽喉要道，是我国与蒙古国接壤的唯一铁路口岸，以北京为起点经二连浩特到莫斯科。特别是通过京包线与天津港相连，是日本、东南亚及其他邻国开展对蒙古国、俄罗斯及东欧各国转口贸易的理想通道，更是蒙古国走向出海口的唯一通道。二连浩特口岸对内经济区域联系广阔，以二连浩特为终点的集二线，以集宁为枢纽，向东经北京、天津与环渤海经济区相连，向西经呼和浩特、包头与内蒙古自治区中西部经济区相通，向南经大同与山西等能源基地相连，向北与地方铁路集通线贯通，又与东北经济区遥相呼应。

策克口岸是阿拉善盟对外开放的唯一国际通道，也是国内陕、甘、宁、青四省区和内蒙古自治区共同利用的陆路口岸，也是我国最大公路口岸和全区第三大口岸，是1992年开通的中蒙双边性季节开放口岸。2005年6月批准为中蒙双边性常年开放陆路边境口岸，分设公路通道和铁路煤炭运输专用线通道，并批准策克口岸设立海关、边检、检验检疫等查验机构。2009年1月12日，策克口岸正式常年对外开放。嘉峪关至策克口岸运煤专用铁路已于2006年投入试运行；策克至乌斯太庆华运煤专用公路全线通车；总投资53.34亿元的临策铁路已于2006年10月28日完成开工奠基仪式，2009年12月26日开通。策克口岸的对外开放带动了边境贸易、第三产业的繁荣与发展，尤其是内蒙古自治区庆华集团与蒙古国“蒙古之金”集团合作，共同开发蒙古国那林苏海特煤田，为内蒙古自治区实施“走出去”发展战略树立了成功典范。目前，酒钢集团公司、太西煤集团、北京永晖集团、华越公司等大型企业在蒙古国实施的合资合作开发项目进展顺利。随着以上项目的相继实施，必将为策克口岸经济发展注入新的活力，也促使策克口岸走向“大口岸”、“大通道”、“大发展”之路。

甘其毛都口岸于1989年批准为对蒙边境贸易临时过货点，1990年实现首次过货。1992年被正式辟为国家一类季节性双边口岸，2004年提升为双边性常年开放口岸，进行煤炭运输。为了适应中蒙经济技术合作新形势的发展需要，口岸已实现了通水、通电、通路、通电话，联检配套建设逐渐完善。

珠恩嘎达布其口岸历史上称蒙马处，是中蒙两国人民友好往来的通道，昔日通商通道的房舍至今尚存，在蒙古国具有很高的知名度。是蒙古、俄罗斯最便捷的出海口之一，是京、津、唐地区通往俄罗斯、蒙古最便捷的重要通道，也是连接俄罗斯赤塔和中国锦州港的第三大亚欧大陆桥的“桥头堡”。1992年开放的国家一类口岸，2004年确定为国际性常年开放口岸，2006年扩大为国际性常年对外开放口岸，2008年正式对外常年开放。2011年，蒙古国政府在毕其格图口岸设立了口岸办，是蒙古国第一个批准设立的边境口岸办事协调机构。口岸经贸合作方式正在突破一般边境贸易的局限，在投资、矿产开发、劳务输出、市政建设和补偿贸易等方面已做出了积极的尝试。目前，口岸基础设施初具规模，已实现了“六通”（即通路、通电、通信、通水、通暖、通有线电视）。

阿日哈沙特口岸于1992年被批准为一类双边性季节开放口岸。从2005年4月1日起，每年1月1日至1月20日和4月1日至10月31日集中开关。蒙古国东方省、苏赫巴特省、肯特省作为毗邻地区，自然资源和生态条件富集，但经济发展相对落后，部分轻工产品不能自给，特别是粮食需要大量进口。蒙古国东方省的商品80%来源于中国，且大部分是经阿日哈沙特口岸进口的。其本国产品和其他国家进口的商品各占10%。我国经阿日哈沙特口岸出口的产品主要为机电、日用品、服装、粮油、蔬菜水果、建筑材料等。进口的产品有铅锌矿精粉和原油、畜产品和水产品、废旧铜铁等。海关由海拉尔海关兼管；已设立阿日哈沙特边防检查站；检验检疫由满洲里检验检疫局动植物检验检疫处负责。

满都拉口岸是距自治区首府呼和浩特市（289公里）和最大工业城市包头市（288公里）最近的陆路口岸。1992年被批准为季节性对外开放的二类口岸，2002年12月23日实现首次开关过货，每年3月、5月、8月、11月的16～30日开放，已实现口岸电子报关、报检、网上支付税款和畜产品油脂化验，已多次向蒙古国出口了大型运输车辆、机械设备和建筑材料等。

额布都格口岸1991年设立临时过货点，1992年为自治区二类口岸，2004年确定为双边季节性开放口岸，每年的2月、5月、8月、11月的1～15日集中开关。目前，口岸基础设施建设初具规模，已实现“四通”。2005年11月额布都格—巴音胡舒中蒙口岸第一桥竣工通车。2006年2月国家口岸办批准口岸临时对大庆油田常年集中开关。

阿尔山口岸是中国东北经济区的西出口和连接亚欧陆桥最近的通道，也是联合国开发计划署规划的“两山”（阿尔山—乔巴山）铁路的起点和“两伊”（伊尔施—伊敏河）铁路的枢纽。1992年被批准为国家二类口岸，不定期开放；2004年确定升格为国际性季节开放口岸。目前，口岸规划区实现了路、电、移动通信“三通”。2006年7月，中蒙两国正式签署修建阿尔山—松贝尔口岸界河桥协议，已于2007年5月开工，2008年9月界河桥建成，口岸联检楼等基础设施正在建设中。口岸开通后，将形成东起图们江、西接蒙古国、北连西伯利亚的东北亚地区新的欧亚大陆桥，使欧亚抵达太平洋的运输距离缩短1700公里。口岸也将成为中蒙边境第一大生态旅游口岸。

巴格毛都公路口岸于1993年被内蒙古自治区批复为二类口岸，2000年暂时关闭。巴彦淖尔市积极申请重新开关，已经列入“国家口岸建设‘十一五’规划。对面蒙古国境内资源富集，且该资源也是我国加快发展所需资源。蒙古国境外资源由于受水、电等条件的制约，采出原矿后必须异地选冶。乌拉特后旗矿山工业基础雄厚，根据我国实施的“向北开放”战略，我国可充分利用蒙古国境内丰富的铅、锌、铜、煤等资源，进一步发展铅、锌、铜采选、冶炼、焦化等项目。正申请设为常年开关口岸，已立项对口岸的联检大楼、办公区、生活区、赛乌素镇至巴格毛都口岸公路改造工程等基础设施进行建设。同时提前做好巴格毛都口岸的规划，着力将其打造成为以物流、边贸、境外旅游业为主的新型边贸城镇。巴格毛都口岸将成为连接我国内地与蒙古国的一条大通道，蒙古国丰富的矿产资源必将为乌拉特后旗矿山工业经济的持续发展奠定坚实的基础。

3. 国际航空口岸建设与发展

呼和浩特白塔国际机场于1958年10月1日建成通航。1991年3月开通至蒙古国首都乌兰巴托航线，成为我国起降国际定期航班的机场之一，12月批准为航空口岸机场。1992年正式对外开放，目前呼和浩特机场已开通了至日本、韩国、中国香港等国家和地区的不定期旅游包机航线。历经1986年、1996年两次大规模扩建，2007年最近一次扩建工程完工，可满足年吞吐旅客300万人次的使用要求；航站楼北侧建高架桥，南侧走廊安装11部登机廊桥。同时投入使用的新停机坪使用面积为37.4万平方米，可同时停放32架飞机，可降落波音747－

400 等大型客机，同时保证 A380 飞机备降。飞行区配套建设助航灯光、导航、气象、飞行区消防等设施。因白塔机场的规模扩大和地理因素，将成为北京首都国际机场的第一大备降机场。

海拉尔航空口岸是自治区开放最早、执行正式国际航线最多的航空口岸，可辐射呼伦贝尔市全境和东北三省、俄罗斯、蒙古国、日本、韩国及中国港澳台等地区，在国家向北开放方面发挥着重要作用。1953 年开通赤塔—海拉尔—平壤航线。1995 年口岸正式对外开放，次年正式开通了海拉尔—赤塔航线。呼伦贝尔市口岸办公室对该口岸实施口岸管理，海拉尔海关、边防检查站、出入境检验检疫局担负口岸的查验工作，现场为过往人员、行李物品、交通工具办理出入境手续，具备基本通关能力，可保障现有三条正式国际航线和部分国际旅游包机正常运行。目前，海拉尔航空港累计开通国际航线 10 条，国际正式航班数量及旅游包机数量均居自治区首位。开通国内航线 36 条，连通城市 33 个（其中省会城市 18 个），运营航空公司达 15 家。内蒙古自治区首个台湾地区居民口岸签注点在海拉尔建立，解决了台湾居民进入呼伦贝尔的签注许可问题，对商务、旅游、探亲的台胞进入呼伦贝尔提供了便利，在台湾地区和呼伦贝尔大草原之间建构筑了一个空中桥梁，为台湾旅客经呼伦贝尔赴俄罗斯和蒙古国等地开辟了通道。

满洲里机场于 2005 年 2 月 25 日正式通航；二期扩建工程于 2006 年 5 月 1 日开始不停航施工，2008 年机场完成二期扩建，扩建后跑道延长至 2800 米，飞行区等级达到 4D，新建站坪可停放 7 架飞机，新航站楼面积扩大至 2 万平方米，可满足年旅客吞吐量 200 万人次、高峰小时 1400 人次的需求。2009 年 2 月满洲里西郊机场国际航空口岸正式获国家批准。机场投入运营以来，运输生产发展迅速，先后开通满洲里至北京、上海、广州、深圳、青岛、杭州多条航线，2011 年先后开通满洲里至俄罗斯伊尔库茨克、赤塔 2 条定期国际包机航线和满洲里至香港临时包机航线，俄罗斯航线航空公司开通满洲里至伊尔库茨克、乌兰乌德、克拉斯诺亚尔斯克等国际航线。目前，海航、中联航、国航使用波音 737－800 型飞机每天执行北京—满洲里往返航班。构建起了国内经满洲里至俄罗斯的空中通道，逐步打造连接中国与俄罗斯、东亚与欧洲的客货中转机场。进入新一轮快速发展时期，将充分发挥满洲里对外开放桥头堡的作用，使满洲里真正成为公路、铁路、航空三位一体国际口岸，为人员交往和经贸发展提供更加便捷、高效的服务，对提升对外开放水平、加快满洲里融入东北亚经济圈，促进内蒙古自治区口岸经济的发展都具有重要的推动作用。

（三）口岸城市或所属边境旗（市）旅游业发展现状

1. 对俄开放口岸城市或所属边境旗（市）旅游业发展现状

对俄开放口岸城市或所属旗（市）中，满洲里市是唯一兼具铁路、公路和航空口岸功能的综合开发型口岸城市；依托黑山头、室韦口岸的额尔古纳市具有明显的资源引进与转化的特征，口岸基础设施建设已初具规模，依托口岸进口的资源开发与转化的工业园区正在建设中；二卡、胡列也吐口岸均属季节性开关，由于开关时间短，贸易过货量少，口岸基础设施建设不到位，功能发挥相对较弱，有待于进一步的开发。沿边境线按照从东向西的顺序，对俄罗斯开放各口岸城市或所属旗（市）国民经济和旅游业发展情况详见表6－1。

由表6－1分析可得，从GDP总量、旅游接待人数和旅游总收入三项指标综合来看，满洲里市旅游发展实力最强，额尔古纳市次之，陈巴尔虎旗最弱。从对俄开放口岸跨国旅游合作基础来看，综合考虑口岸对外开放时间、口岸级别、口岸经济发展情况、口岸基础设施和配套设施建设、口岸交通网络构建、旅游业发展情况、辐射带动范围等因素，应以满洲里铁路及公路口岸为龙头，重点发展满洲里市跨国旅游合作，积极推进额尔古纳市跨国旅游合作，发挥地缘优势、联动海拉尔国际航口岸，形成辐射东四盟市（呼伦贝尔市、兴安盟、通辽市、赤峰市）及京津冀地区的跨国旅游发展格局。

表6－1　对俄开放口岸城市或所属旗（市）国民经济和旅游业发展情况

口岸名称	所在地	GDP（亿元）			旅游人数（万人次）			旅游总收入（亿元）		
		2005年	2010年	2012年	2005年	2010年	2012年	2005年	2010年	2012年
黑山头水运口岸	额尔古纳市	12.4	26.9	37	—	88.12	158	—	6.56	12.05
室韦水运口岸										
胡列也吐水运口岸	陈巴尔虎旗	16.28	52.8	78.1	30	70	90	0.73	2.81	3.6
满洲里铁路口岸	满洲里市	60.05	127.3	175.9	160.3	551	606	19	37.1	41.8
满洲里公路口岸										
二卡公路口岸										

注：“—”表示国民经济和社会发展统计公报中无此项记录。

资料来源：各口岸历年国民经济和社会发展统计公报。

2. 对蒙古国开放口岸城市或所属边境旗（市）旅游业发展现状

在对蒙古开放口岸城市或所属旗（市）中，二连浩特是唯一兼具铁路、公路口岸功能的综合开发型口岸城市；珠恩嘎达布其口岸所在地东乌旗、甘其毛道口岸所在地乌拉特中旗、策克口岸所在地额济纳旗经济具有明显的资源引进与转化的特征，口岸基础设施建设已初具规模，依托口岸进口的资源开发与转化的工业园区正在建设中；阿日哈沙特、额布都格、阿尔山、满都拉、巴格毛都等小口岸均属季节性开关，由于开关时间短，贸易过货量少，口岸基础设施很不到位，功能发挥相对较弱，有待于进一步的开发。

中蒙边境游于1991年9月18日正式开通，仅限一日游。2009年因证件原因一度被暂停，2012年5月，边境“一日游”才再次恢复开通，增开了4个边境旅游多日游项目，意在打造体验异国“蒙古风情”。

沿边境线按照从东向西的顺序，对蒙古国开放各口岸城市或所属旗（市）国民经济和旅游业发展情况详见表6－2。

表6－2 对蒙古国开放口岸城市所属旗（市）国民经济和旅游业发展情况对比

口岸名称	所在地	GDP（亿元）			旅游人数（万人次）			旅游总收入（亿元）		
		2005年	2010年	2012年	2005年	2010年	2012年	2005年	2010年	2012年
二连浩特铁路口岸	二连浩特市	—	47.6	68.32	—	124.38	156	—	21.81	27.8
阿日哈沙特口岸	新巴尔虎右旗	11.51	46.15	66.75	24.4	36.82	41.04	1.2	2.41	2.85
额布都格口岸	新巴尔虎左旗	8.87	22.6	31.99	21.25	18.6	43.5	0.76	1.93	2.48
阿尔山	阿尔山市	—	9.03	12.73	—	70.2	110.35	—	7.02	12.99
珠恩嘎达布其口岸	东乌旗(2007)	26.77	—	—	15.8	—	—	0.45	—	—
满都拉	达茂旗	—	119.02	168.66	—	—	—	—	—	—
甘其毛都	乌拉特中旗	—	67.4	102.9	—	—	—	—	—	—
巴格毛都	乌拉特后旗	—	63.3	65.58	—	—	—	—	—	—
策克	额济纳旗	—	31.54	45.32	—	33.78	66	—	2.52	5.7

注：“—”表示国民经济和社会发展统计公报中无此项记录。

资料来源：各口岸历年国民经济和社会发展统计公报。

由表6－2分析可得，近年来达茂旗、乌拉特中旗和乌拉特后旗的GDP值分居第一位、第二位和第三位，但是旅游业发展缓慢，相应国民经济和社会发展统计公报中无相关数据；二连浩特市GDP值居第四位，旅游接待人数和旅游总收入却居第一位；额济纳旗GDP值小于新巴尔虎右旗和新巴尔虎左旗，旅游接待人数和旅游总收入却高于两旗，且额济纳旗近年来的旅游接待人数和旅游业总收入的增幅最大；阿尔山市GDP值最小，但旅游接待人数和旅游业总收入却位列第二位，且增幅明显。

从GDP总量、旅游接待人数和旅游总收入三项指标综合来看，纵观开放口岸跨国旅游合作基础来看，综合考虑口岸对外开放时间、口岸级别、口岸经济发展情况、口岸基础设施和配套设施建设、口岸交通网络构建、旅游业发展情况、辐射带动范围等因素，应以二连浩特口岸、阿尔山口岸和策克口岸为龙头，大力开展对蒙跨国旅游合作。

一方面，着力打造以二连浩特口岸为龙头，联动呼和浩特市国际航口岸和包头市集装箱口岸，辐射（锡林郭勒盟、乌兰察布市、呼和浩特市、包头市和鄂尔多斯市）的对蒙跨国旅游合作格局；另一方面，发挥地域优势，将阿尔山口岸与满洲里口岸联合打造成具有国际影响力的俄蒙跨国旅游合作区；同时，充分发挥策克口岸为内蒙古自治区、陕、甘、宁、青五省区所共有的陆路口岸，是西北中部对外开放的唯一国际通道，连接我国西北地区及国内外的重要交通枢纽、商贸中心、货物集散地和能源矿产资源大通道等优势，形成辐射（阿拉善盟、乌海市和巴彦淖尔市）三盟市和西北地区的对蒙跨国旅游合作格局。

三、内蒙古自治区跨国旅游合作的对策研究

内蒙古自治区依托边境口岸，开展与俄蒙毗邻地区旅游业的跨国合作既有较强的现实和潜力优势，也有现存的不利因素。为了更好地促进合作区域旅游业发展，综合考虑各方社会经济、旅游业的发展状况、旅游交通网络构建情况、已有旅游客源市场分布情况等因素，选择恰当跨国旅游合作模式的同时，还需通过政府间合作、企业间合作和民间团体合作三种渠道，寻求解决途径保障内蒙古自治区跨国旅游合作的实施，以保证跨国旅游合作的健康稳定发展。

（一）建立政府层面跨国旅游合作组织，健全跨国旅游合作机制

在内蒙古自治区跨国旅游合作中，政府间合作层面可尝试在现有组织框架（中华人民共和国政府与俄罗斯联邦政府旅游合作协定、中蒙边境协调会议、中俄蒙区域旅游协作恳谈会、内蒙古自治区和俄罗斯联邦赤塔州旅游协调会议机制等）基础上，建立寻求适当切入点建立区域性权威合作组织结构，协调内蒙古自治区与俄蒙跨国旅游合作开发相关事宜，如推动旅游合作谈判、落实合作项目、构建区域利益协调机制等，并对畅通旅游通道、构建区域统一旅游政策体系等方面作进一步研究。

中国、俄罗斯、蒙古三国中央政府和地方政府要加强旅游交流，在制定相关旅游业政策时，根据各自的利益和实际情况，尽可能向跨国旅游合作倾斜。如为了更好地发展边境旅游，通过放松对旅游人员的地域限制、最大限度地简化手续（互免签证、汽车过境等）、降低关税等一系列措施减少国际旅行障碍。签订旅游合作协定、制订旅游合作相关计划时，应广泛征求各方面的意见，不仅在旅游主管部门间协调，更要让旅游企业、旅游者等多方参与，力求达到方案的最优化，才能保证条约的落实和执行。

（二）完善跨国旅游行业组织体系，发挥协同治理职能

内蒙古自治区各级行政区域均已建立了相应的、各种形式的旅游行业组织它们在承担政府转让职能、简化和重组政府机构、促进内蒙古自治区旅游业发展方面发挥了积极作用。如成立时间最早、规模最大的内蒙古自治区旅游协会，它在全国旅游系统推行旅行社强制保险的工作中，能够按照区域将所在地区旅行社联合起来，作为一个大保户同保险公司谈判，在保额不变的情况下，第一年就减少保费50%，保障了工作贯彻落实的同时，为企业减轻了负担；还于2009年和2011年举办了全区旅游工艺品、纪念品设计大赛，对繁荣旅游商品市场，提升旅游商品的开发和设计水平起到了积极作用等。但与此同时，全区各级旅游协会也存在着自治性不足、会员不足、人才不足、能力不足等问题，难以培养企业诚信经营观念、协会的创新能力与可持续发展能力后劲缺乏。

因此，在12盟市中，尤其是率先实施内蒙古自治区跨国旅游合作的相关盟市，要有效整合现有旅游行业组织资源，梳理各自管辖范围内行业组织运行的优劣势，要加大力度，扬长避短，构建旅游行业组织体系，发挥协同治理职能。如维护行业诚信，严格执行旅游企业资格准入制度，坚决取缔不合格的旅游企业与旅游从业人员，维护旅游行业整体声誉与形象，推进旅游业健康发展。

（三）发展旅游企业跨国经营，争取旅游创汇最大化

旅游活动本质是一种经济活动，企业应该是旅游业经营活动的主体，中国、俄罗斯、蒙古三国旅游企业和行业协作，是内蒙古自治区跨国旅游合作的必要基础。实现旅游企业的跨国合作，纵横向联盟，才能获得规模效应并有力推动跨国区域旅游合作。

在推进旅游企业跨国经营方面，政府应完善企业走出去的法律、法规，简化审批制度，增加审批的透明度，为中国旅游企业的跨国经营提供必要的金融支持，放宽对外汇出境的限制，取消政策上的所有制歧视倾向，向企业提供必要的信息、咨询、培训、业务指导等方面的服务。

考虑到内蒙古自治区与俄蒙接壤地区，地方经济实力有限，可探寻有跨国旅游合作资质的旅游企业联合，让部分有实力的旅游企业先期介入合作，以旅行社业、交通业（尤其航空口岸）合作为先导，加强网络协作，以缓解合作动力不足的弱势。此外，有必要适度鼓励和吸引该区域外具有雄厚实力和专业化的国际旅游集团参与合作，能够在短时间内迅速扩展该区域国际旅游业务。

旅游跨国企业应全面实行网络化运营，学会使用全球预订代理人分销系统等电子商务工作，熟练运用电脑处理营销、信息、会计、计划等办公事务，提高旅

游跨国企业的技术装备水平，加强现代科技手段的运用，才能在国际市场上站稳脚跟，才能加快旅游企业跨国经营的发展。

同时，要鼓励和扶持内蒙古自治区旅游企业开展境外业务，并尽可能在境外开办连锁机构，这样既能保证国内游客到国外的切身利益，又能使旅游收入都归于本国旅游企业手中，从而加大了旅游创汇。

（四）全面调查与评价跨国旅游合作区旅游资源，合力构建北疆跨国旅游合作旅游圈

内蒙古自治区跨国旅游合作初期，重点打造和培育的4个边境口岸城市及所在盟市，需打破传统的行政空间观念，树立全局的旅游开发观念和大旅游、大产业的经营思想，既要考虑内蒙古自治区对外开放口岸与俄蒙对应边境口岸的旅游联动，又要加强19个对外开放口岸间的内联，注重旅游开发的整体性，形成资源合力，通过系统性规划建设，全力打造北疆跨国旅游合作旅游圈，使之成为具有全国甚至全世界影响力的旅游胜地。

首先，要争取国家和自治区有关部门支持，与俄罗斯、蒙古国相应机构进行协商，坚持互利共赢、突出特色和生态优先的原则，编制一个旅游总体发展规划或行动计划，在边境地区确定重点旅游产品和联合线路，协调大型节庆活动，构建跨国旅游合作发展的基本框架。

其次，要围绕当前实际情况确定实施内蒙古自治区跨国旅游合作所依托的4个边境口岸，积极建立“边境旅游地”。在综合考虑各口岸自身建设情况、已有旅游业发展情况、对周边的辐射带动能力、所在盟市及辐射区域（邻近盟市及省份）旅游业发展情况等的基础上，按照《旅游资源分类、调查与评价》（GB/T18972—2003）标准，对各区域的旅游资源进行全面分类、调查与评价，划分出各区域旅游资源的级别；进而对各区域的旅游业发展情况进行摸底与比对，分析各区域旅游业发展的优势与不足；最终确立各自区域的优势与特色旅游资源。这样既可以避免各区域旅游资源的重复性开发，又可以明确每一区域的旅游资源开发主题，有利于结合每一区域旅游资源与开发利用情况，进行文化内涵挖掘和特色旅游产品构建。

最后，要对基础设施、旅游配套设施进行合理规划建设，提高旅游接待能力；尽量依托公路、铁路和水运交通网络构建环线旅游圈，合理安排游览线路；整合合作区内的经济、资源、信息等多渠道优势，由内蒙古自治区交通网络“第一横线”贯穿，构建“北疆边境口岸旅游经济带”，提高国际知名度，带动口岸旅游业的整体发展，整体辐射带动内蒙古自治区与俄蒙毗邻省份旅游业发展。

（五）全面梳理内蒙古自治区与俄蒙边境旅游线路开通与运行情况，创新旅游线路设计，丰富跨国旅游产品体系

内蒙古自治区边境旅游经过多年的培育和发展，已经形成一定的规模，为内蒙古自治区跨国旅游合作的实施奠定了基础。

首先，要梳理历年来批复开通的中蒙边境旅游线路和中俄边境旅游线路，并核实实际运作的线路情况，分析其优势与不足，为跨国旅游线路设计提供参考。其次，调查现有旅行社开展中蒙、中俄边境旅游线路的运行情况，掌握边境旅游开展的“瓶颈”，为协调机制的确立和相应法律法规的出台提供参考，并增强跨国旅游合作线路设计的可操作性。最后，根据现有中蒙、中俄旅游线路运行情况，以4个边境口岸为基点，在深入研究各自区域旅游资源特色、旅游交通连通性、旅游文化底蕴等基础上，确立各区域旅游线路主题。整合各自特色旅游资源，把各方的旅游景点串联起来，共同设计旅游线路，共同开展旅游宣传，共同开拓客源市场，实行资源共享、客源互流，并将中俄蒙三国文化游、自然风光游与民族风情游结合在一起，促进旅游产品结构由相对单一的观光产品向休闲度假、会展商务、康体娱乐、探险探奇和科普教育等多种产品形式转化，提高总体吸引力。如“策克—西伯库伦跨国旅游合作”可以充分挖掘阿拉善宗教朝圣文化、居延文化内涵，发挥航天科普、胡杨林、月牙泉等优势资源，开展观光旅游；“二连浩特—扎门乌德跨国旅游合作区”可以充分挖掘辽文化等内涵，发挥地质奇观旅游资源优势，开展温泉度假旅游等。

（六）实行跨国旅游合作联合营销，扩大旅游市场影响力

加强内蒙古自治区与俄蒙跨国旅游合作，需实施跨境营销、联合促销，才能更大范围扩大旅游市场影响力。一方面，加强中俄蒙间客源市场营销，尤其是在19个对外开放口岸毗邻省份间的推广，增强旅游客流互动，如掌握俄罗斯人具有旅游天性的传统、国内假期较长及俄罗斯远东地区城市在中俄边界呈带状分布来华便捷的特点，推出适合该市场的旅游产品，使中国成为其远东地区游客外出首选目的地；另一方面，联合俄蒙，面向共同市场的营销，扩大“北疆跨国旅游合作经济带”在世界上的影响力。

在宣传形式上，参加国家、省局组织的对外宣传促销活动和交易会，赴外宣传促销；在入境口岸设立宣传栏，宣传内蒙古自治区跨国旅游合作主要旅游线路；在外国的旅游网站制作介绍内蒙古自治区跨国旅游产品的网页，通过网络进行宣传；在外国有影响的旅游报纸杂志宣传具有代表性的旅游产品；利用地、县各级政府驻外机构和国家驻外办事机构、外国驻华使馆等各类机构，形成旅游促销网络。

在宣传内容上，选择具有代表性和影响力的产品促销。如选择胡杨林、阿斯哈图石林典型喀斯特地形地貌进行国外宣传等。

经常开展旅游宣传和交流活动，通过旅游交易会，展览会、图片、电视、广告等多种方式进行推介和宣传双方的旅游资源和产品。加强旅游信息合作，积极为对方构筑旅游信息展示的平台，提供最新的旅游信息，努力实现中俄蒙三方旅游网站的信息资源共享。

第七章

内蒙古自治区旅游市场发展研究报告

产业的发展依托于市场的需求，内蒙古自治区旅游产业的发展依赖于国内旅游市场与入境旅游市场的持续开拓与壮大。2014 年，全区共接待旅游者 7581 万人次，同比增长 12%；旅游业总收入 1805 亿元，同比增长 28.63%。其中国内旅游人数 7414 万人次，同比增长 12.13%；国内旅游收入 1745 亿元，同比增长 29.86%；接待入境旅游者 167 万人次，同比增长 3.4%；入境创汇 10 亿美元，同比增长 4.2%。呼和浩特、呼伦贝尔、包头三市继续发挥旅游中心城市优势，旅游总收入位居前三位，收入总和占全区总收入的 55.8%，其他盟市总量有所差异，增速仍然保持齐头并进的发展趋势。入境游方面，在全国入境旅游人次下降的趋势下，内蒙古自治区入境旅游仍保持小幅增长，高于全国 4.41 个百分点，其中蒙古国客人总量微增，俄罗斯客人略有下降，港澳台地区同胞尤其是香港客人增长幅度较大，为 24.21%。

2014 年，内蒙古自治区旅游市场在各级旅游行政组织、旅游企业、旅游行业协会等单位的共同努力下，市场规模进一步扩大，各项指标都呈现出了向好的趋势。下面在分析内蒙古自治区 2014 年旅游市场的基础上，回顾 2005 ~ 2014 年 10 年全区旅游市场的变迁情况，以把握市场走势，发现问题，提出对策。

一、内蒙古自治区国内旅游市场分析

（一）发展态势

1. 市场规模

随着我国人均收入水平的不断增加，国家法定节假日体系的日益完善，带薪休假制度的逐步推行，广大人民群众旅游休闲意识与生活方式的不断提升与建立，以及我区面向国内客源市场营销努力的稳步加强，我区国内旅游市场规模日渐壮大，稳步增长。2014 年全区共接待国内旅游者 7414 万人次，同比增长 12.1%，国内旅游收入 1744 亿元，较 2013 年增长 29.9%。从表 7－1、图 7－1 和图 7－2 可以看出，经过 10 年的发展，内蒙古自治区国内旅游市场规模不论从接待人次数，还是国内旅游收入上，都显现出了稳步增长态势，国内旅游市场保持着持续增长的发展态势。

表 7－1　2005～2014 年内蒙古自治区旅游业发展实绩汇总

年份	接待入境旅游者人数（万人次）	入境旅游创汇（万美元）	国内旅游人数（万人次）	国内旅游收入（亿元）	旅游业总收入	
					数量（亿元）	同比增长率（%）
2005	100.16	35207	2062	179.72	208.09	43.50
2006	123.25	40379	2452	248.24	279.71	34.42
2007	149.45	54485	2908	351.01	390.77	39.7
2008	154.93	57718	3198	429.50	468.85	19.98
2009	128.96	55831	3880	573.22	611.35	30.39
2010	142.80	60189	4477	692.92	732.7	19.85
2011	151.52	67097	5177	847.28	889.55	21.41
2012	159.17	77196	5887	1080	1128	26.86
2013	161.61	96229	6612	1343	1403	24.36
2014	167.12	100300	7414	1744	1805	28.63
合计	1933	795473	52878	7903	8456	—

资料来源：2015 年内蒙古自治区旅游统计便览。

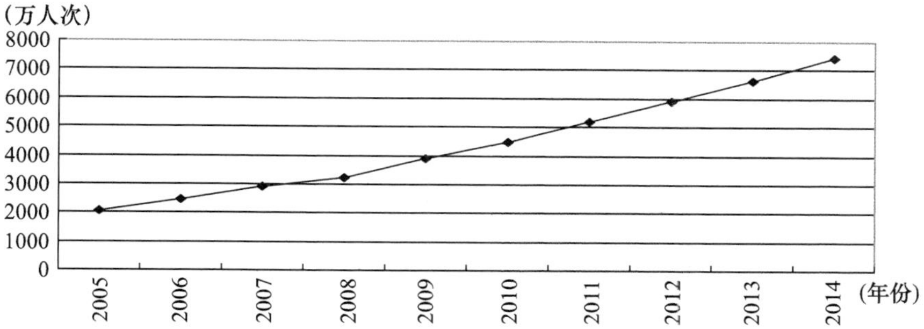

图 7－1　2005～2014 年内蒙古自治区接待国内旅游者人数

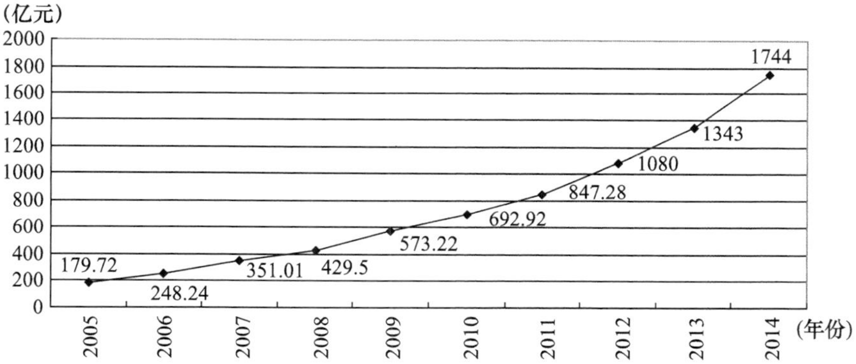

图 7－2　2005～2014 年内蒙古自治区国内旅游收入

2. 人均消费与停留情况

人均消费水平与停留时间是反映客源质量、市场产值规模的有效指标，两者的数据水平不但直接影响旅游收入，更能间接反映旅游目的地的整体吸引力与接待水平。从表 7－2 可以看出，2014 年，内蒙古自治区国内旅游者人均天消费 740 元，人均停留 3.2 天，两项指标都显著高于 2005 年的水平，表明内蒙古自治区国内旅游市场消费水平持续升高，呈现向好发展趋势。

表 7－2　2005～2014 年内蒙古自治区国内旅游人均消费与人均停留天数抽样调查

年份	2005	2006	2007	2008	2009	2010	2011	2012	2013	2014
人均天消费(元/人天)	363.23	392.8	410.4	477	500	520	560	600	670	740
平均停留天数(天)	2.4	2.4	2.7	2.8	2.82	2.82	2.83	2.90	2.96	3.2

资料来源：2015 年内蒙古自治区旅游统计便览。

3. 黄金周市场分析

旅游黄金周是在我国独有的法定节假日制度下产生的旺盛旅游需求“井喷”现象。随着全国黄金周旅游市场规模的逐年增加，春节、五一、十一三大黄金周早已成为国内各区域旅游目的地争相竞逐的美味“大蛋糕”。对于深受旅游季节性影响的内蒙古自治区旅游而言，黄金周旅游市场对全年旅游接待市场的影响举足轻重。从表 7 -3 可以看出，2014 年内蒙古自治区在春节、十一两大黄金周期间共接待国内旅游者人数为 866.1 万人，占全年接待国内旅游人次数 7414 万人次的 11.68%，近乎一成的水平。从表 7 -3 还可以看出，内蒙古自治区在黄金周的接待人次与收入水平始终保持着稳步上升的发展趋势，未来走势值得期待。

表 7 -3　2005 ~ 2014 年内蒙古自治区旅游黄金周接待收入情况

年份	春节		五一		十一	
	旅游人数（万人次）	旅游收入（万元）	旅游人数（万人次）	旅游收入（万元）	旅游人数（万人次）	旅游收入（万元）
2005	32.66	11345.15	156.31	40009.6	118.28	42884.1
2006	38.01	16384.62	182.89	50771	144.42	56998
2007	46.66	21325	224.53	63975	183.52	82473
2008	52.06	22693	110	35400	207.87	89700
2009	108.52	31804	—	—	223.95	99967
2010	131.55	43213	—	—	271.21	130001
2011	167.28	51502	—	—	336.16	173582
2012	210	66718	—	—	425	225800
2013	234	90400	—	—	478	275427
2014	277.75	108200	—	—	588.35	359237

资料来源：2015 年内蒙古自治区旅游统计便览。

（二）现状评析

1. 国内旅游市场规模稳步扩大，仍有待进一步发掘

改革开放以来，我国人均可支配收入水平持续上升，闲暇时间日益增多。伴随着收入水平的不断提高，广大人民群众的休闲意识亦不断增强。飞速提升的航空、高铁、高速公路等现代交通设施，逐步加强的区内外营销力度，日益趋好的自然生态环境等，都有力地推动了内蒙古自治区国内旅游市场规模的持续扩大，内蒙古自治区旅游市场开拓的后发优势日渐显现。尽管如此，环顾四周，内蒙古自治区与周边省市依然存在不小的差距，整体国内旅游市场规模仍有巨大的挖掘空间。

旅游产品季节性突出，产品类型相对单一，旅游景区（点）分布离散，产品升级换代相对滞后，整体营销力度不强，市场感知距离大，新常态下经济增速的逐步放缓，等等，都极大地影响着内蒙古自治区国内旅游市场规模的进一步扩大。

2. 人均消费与停留水平持续增加，提升空间巨大

随着内蒙古自治区旅游投入的不断增加，旅游产业扶持力度的不断加强，以及产业自身发展水平的不断提高，国内旅游者的人均消费与停留水平日益提高。这两项指标的持续向好，一方面有利于内蒙古自治区旅游收入的增加，另一方面也对内蒙古自治区旅游业发展提出了更高的要求。目前，内蒙古自治区国内旅游者的人均消费水平和停留时间仍然存在巨大的提升空间，如何通过产品开发，项目设计来增加旅游者的体验时间与体验感受，通过延长停留时间来带动人均消费是需要持续关注的重要课题。内蒙古自治区未来旅游产品的开发必须突破现有的单一草原、沙漠旅游产品形态，要充分利用内蒙古自治区狭长地理跨度的特点，变劣势为优势，通过多样产品的空间组合，增加游客逗留时间，要突破现有的以“呼包鄂”为中心热点的非均衡态势，通过区内旅游合作与联动，形成衔接紧密、协同作战的新市场供给局面。

3. 黄金周市场发展劲头迅猛，仍有潜力可挖

近年来，随着内蒙古自治区冬季冰雪旅游项目的逐渐增多，相关营销活动的持续升温，春节黄金周旅游市场逐渐兴盛起来。而伴随着阿拉善胡杨林旅游品牌的逐步深入人心，自驾游热潮有增无减，以及有意避开旅游热点地区的理性判断，内蒙古自治区“十一黄金周”旅游市场稳步扩大。然而，在喜人形势背后，起关键作用的是市场本身，旅游者自身需求起着主要的驱动作用，而作为旅游目的地需要主动迎合需求，大力开拓黄金周旅游市场。因此，变被动为主动，内蒙古自治区将有可能在未来的黄金周旅游市场中有所作为。内蒙古自治区急需对现有的两大黄金周市场进行摸底、研究，要通过掌握现状、找到发力点，以对症下药，实现黄金周市场的更大进步。

4. 客源市场不断拓宽，有待更大突破

受距离衰减规律的影响，内蒙古自治区国内旅游市场主要以临近省市为主，北京、天津、河北、山西、陕西、辽宁等省市的游客居于主导地位，构成了内蒙古自治区国内旅游市场的主力。稳固现有市场基础固然重要，但未来内蒙古自治区旅游产业的持续发展必然需要更大市场的支撑。因此，尽快突破环渤海经济圈客源市场，将内蒙古自治区旅游市场开拓的步伐迈向长三角、珠三角、成渝经济圈等远距离发达旅游市场势在必行。目前，内蒙古自治区针对上述地区已经开展了相应的营销活动，但效果并不显著，如何有效规避距离衰减规律的消极影响值得深入研究。另外，制定有针对性的集中化、专业化区域营销策略是突破目前市

场格局的有效思路，需要加以重视。

5. 客流空间分布正稳步趋于均衡，但步伐缓慢，达到理想状态仍需时日

内蒙古自治区各盟市国内旅游市场规模存在显著的空间差异，以“呼包鄂”地区的市场规模独具优势。造成这一市场分布格局的原因包括区位因素、经济发展水平因素、行政区经济因素、旅游产业本身发展水平因素，以及政策与制度因素等。内蒙古自治区国内旅游市场规模的空间差异必然导致区域旅游经济发展失衡，如此将进一步加重内蒙古自治区各盟市在经济、社会、文化等方面发展不平衡，导致地区差距的进一步扩大。因此，国内旅游客流空间分布的均衡性流动是内蒙古自治区国内旅游市场开发的重要内容。未来内蒙古自治区国内旅游客流的合理流动需要从多方面加以努力：处于相对劣势的地区要进一步完善自身的产品体系与营销策略；处于相对优势的地区要主动加强与劣势地区的区域旅游合作与协同发展，通过优势互补，实现共赢发展；作为协调者的旅游行政管理部门，要积极引导，科学规划，努力推动国内旅游客流在全区的合理流动。

二、内蒙古自治区入境旅游市场分析

（一）发展现状

1. 发展规模

2014 年，内蒙古自治区接待入境旅游者 167.12 万人次，取得入境旅游外汇收入 10.03 亿美元，分别比 2013 年度增加 3.4% 和 4.2% 。从图 7－3 可以看出，2009 年以来，内蒙古自治区接待入境旅游者人次数呈稳步上升的趋势，但上升的幅度明显小于 2005～2008 年的上升幅度。

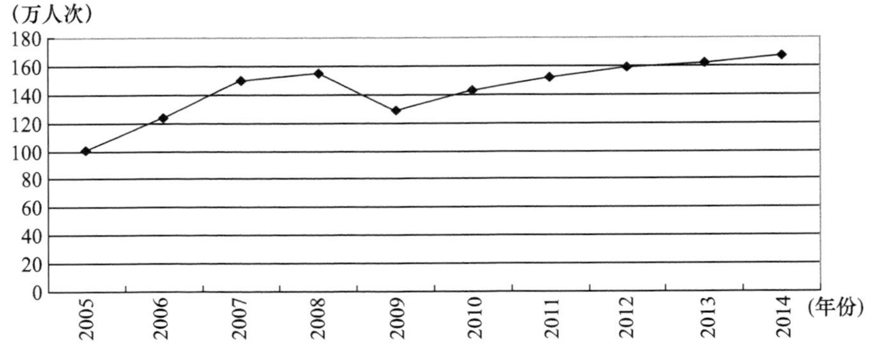

图 7－3　2005～2014 年内蒙古自治区接待入境旅游者人数走势

资料来源：2015 年内蒙古自治区旅游统计便览。

2. 入境旅游者平均停留天数

2014 年内蒙古自治区入境旅游者中，外国游客平均停留 4.25 天，香港地区游客平均停留 3.7 天，澳门地区游客平均停留 2.95 天，台湾地区游客平均停留 3.2 天（见表 7-4）。从图 7-4、图 7-5、图 7-6、图 7-7 中可以看出，外国游客、香港地区游客的平均停留时间基本保持逐步增加的趋势，而澳门地区游客、台湾地区游客的平均停留时间却存在一定的起伏，近两年更呈现出了下降的趋势。

表 7-4　2005～2014 年内蒙古自治区入境旅游者平均停留天数统计

单位：天

入境旅游者＼年份	2005	2006	2007	2008	2009	2010	2011	2012	2013	2014
外国人	2.3	2.02	2.73	2.77	2.68	2.75	2.92	3.0	3.9	4.25
香港地区游客	1.95	2.44	3.2	3.1	3.1	3.45	3.4	3.6	3.25	3.7
澳门地区游客	2.25	2.63	2.63	4.0	3.0	3.6	3.3	4.8	3.45	2.95
台湾地区游客	1.95	2.54	3.05	3.2	3.7	3.85	3.5	3.7	3.15	3.2

资料来源：2015 年内蒙古自治区旅游统计便览。

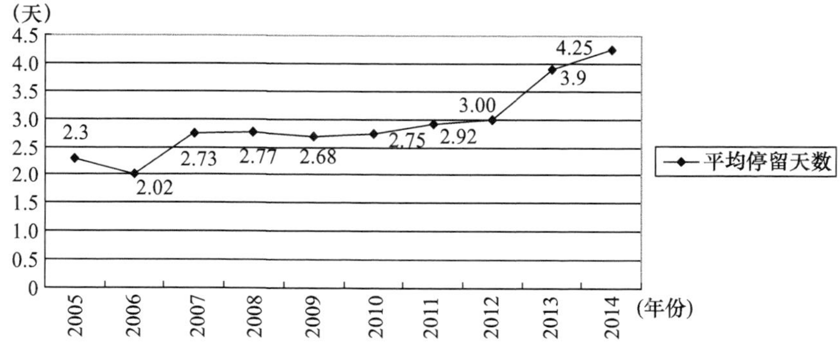

图 7-4　2005～2014 年内蒙古自治区外国旅游者平均停留天数

资料来源：2015 年内蒙古自治区旅游统计便览。

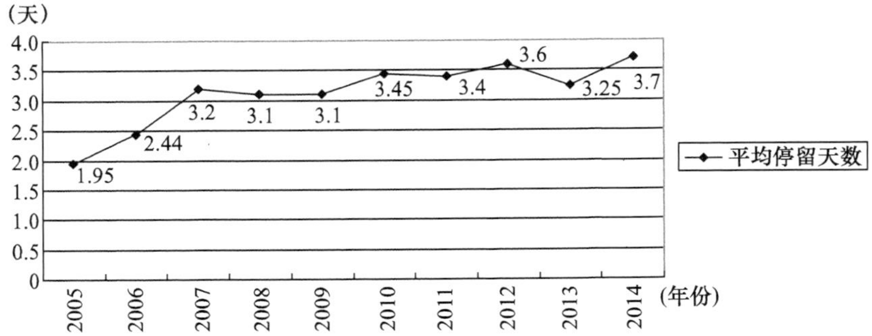

图 7-5　2005～2014 年内蒙古自治区中国香港旅游者平均停留天数

资料来源：2015 年内蒙古自治区旅游统计便览。

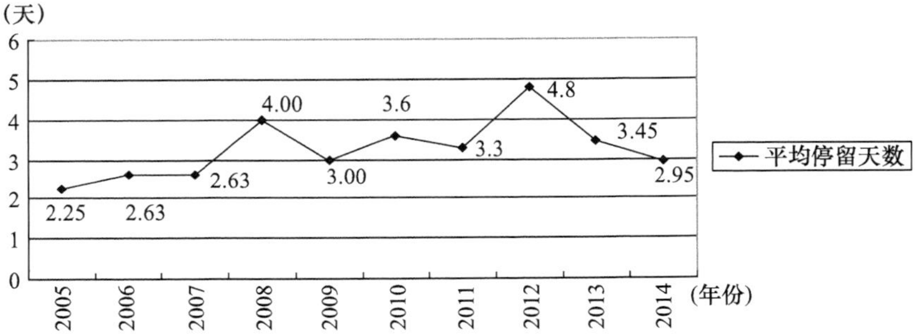

图 7-6　2005～2014 年内蒙古自治区中国澳门旅游者平均停留天数

资料来源：2015 年内蒙古自治区旅游统计便览。

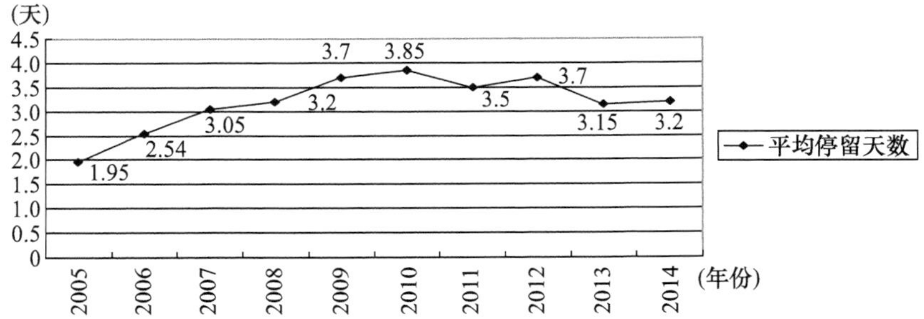

图 7-7　2005～2014 年内蒙古自治区中国台湾旅游者人均停留天数

资料来源：2015 年内蒙古自治区旅游统计便览。

3. 入境旅游者人均天花费

2014 年内蒙古自治区入境旅游者的人均天消费情况，如表 7-5 所示，外国游客为196.75美元，香港地区游客为185.07美元，澳门地区游客为198.03美元，台湾地区游客为200.4美元，均高于国内旅游者的人均天消费水平。这也充分说明了入境旅游市场对内蒙古自治区旅游经济贡献的重要性，对入境旅游市场必须给予应有的重视。从图7-8可以看出，2005年以来，台湾地区游客与澳门地区游客的人均天消费变化较大，而外国人与香港地区游客的人均天消费却保持相对平稳的较慢增长。

表7-5　2005~2014年内蒙古自治区入境旅游者人均天消费统计

单位：美元/人天

入境旅游者＼年份	2005	2006	2007	2008	2009	2010	2011	2012	2013	2014
外国人	156.92	160.46	176.34	181.10	184.29	183.28	182.41	187.13	192.90	196.75
香港地区游客	166.43	167.91	175.21	215.62	176.08	188.54	181.58	181.69	185.58	185.07
澳门地区游客	169.88	177.75	162.16	180.00	198.08	178.27	116.02	146.10	182.59	198.03
台湾地区游客	185.94	199.10	152.83	200.32	173.67	182.95	173.69	173.05	228.09	200.4

资料来源：2015年内蒙古自治区旅游统计便览。

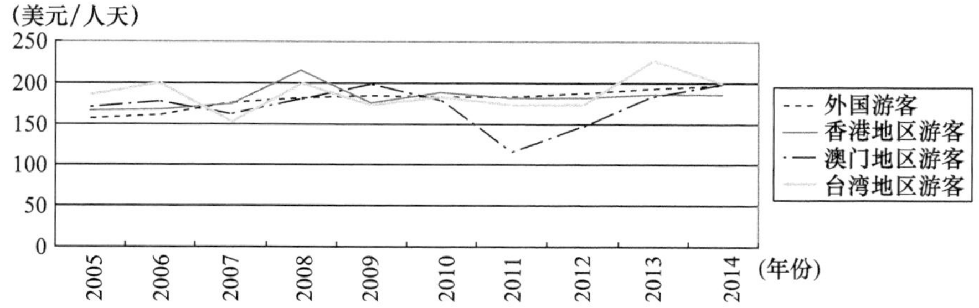

图7-8　2005~2014年内蒙古自治区入境旅游者人均天消费

资料来源：2015年内蒙古自治区旅游统计便览。

4. 入境客源市场

从表7-6、图7-9可以看出，内蒙古自治区入境旅游者（过夜）主要来自蒙古国、俄罗斯、日本、韩国、美国等客源国家，以及香港地区、澳门地区和台湾地区。其中以来自蒙古国、俄罗斯的游客占据绝对优势，2014年入境（过夜）旅游者分别达到了782449人次与633389人次，位居前两位，显著高于第三位、第四位的日本与韩国。从表7-6还可以看出，内蒙古自治区入境客源市场主要有蒙古国等20个客源国和港澳台3个地区。除主要客源国和地区之外，2014年内蒙古自治区入境人数由多至少的客源国依次为德国、英国、澳大利亚、法国、新加坡、加拿大、泰国、荷兰、马来西亚、意大利、印度、瑞士、印度尼西亚、菲律宾和越南，见图7－10。

表7－6　2005～2014年内蒙古自治区接待入境旅游者（过夜）人次数统计

单位：人次

国家（地区）＼年份	2005	2006	2007	2008	2009	2010	2011	2012	2013	2014
蒙古国	444270	577154	734341	787029	738743	758684	810722	813156	790118	782449
俄罗斯	484033	536890	609124	615780	389727	499780	516606	556368	638583	633389
日本	19808	29218	44070	36473	42092	44617	41395	26247	20945	25632
韩国	6695	15198	13819	14732	13184	18656	17412	2637	20373	21888
美国	5187	10492	9905	10171	12695	11925	11716	10847	13222	15874
新加坡	2994	3338	3440	2211	3478	3535	2581	2797	3288	4150
印度尼西亚	1748	570	535	423	664	366	318	1099	1141	1442
泰国	2823	1561	1041	1816	1567	1382	7049	2616	3550	3416
马来西亚	2585	1678	2126	2988	1906	907	2037	1832	1729	2149
德国	8881	7453	7440	8162	8844	8386	7296	6460	5222	8432
英国	3882	4910	5940	5557	4725	4546	3809	5263	4820	8033
意大利	2340	3267	1844	2363	2756	3539	2150	1895	1861	2138
加拿大	3393	3920	4152	3942	3607	2176	3185	3635	4215	3834
澳大利亚	2448	3117	4642	4938	4241	2693	2725	4369	6952	7260
瑞士	—	1069	840	991	1303	904	948	659	967	1631
荷兰	—	—	325	226	75	916	1083	1606	423	2293
法国	—	—	3293	4148	4065	2465	3058	4483	4096	5643
菲律宾	—	—	1355	1352	787	389	320	1308	1565	897
印度	—	—	3483	4087	1135	933	1426	1132	1708	2090
越南	—	—	338	236	42	85	222	404	454	313
中国香港	3385	3622	11969	8661	12470	13548	18733	46289	26680	33140
中国澳门	2165	882	2555	3151	3977	4275	4767	11268	10847	11283
中国台湾	1078	4508	5633	5214	7037	9995	15263	19493	25506	26451

资料来源：2015年内蒙古自治区旅游统计便览。

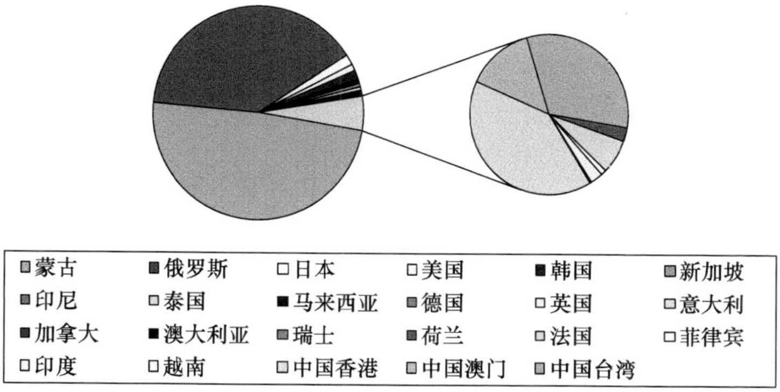

图 7-9　2014 年内蒙古自治区主要客源国与地区入境旅游者人次结构

资料来源：2015 年内蒙古自治区旅游统计便览。

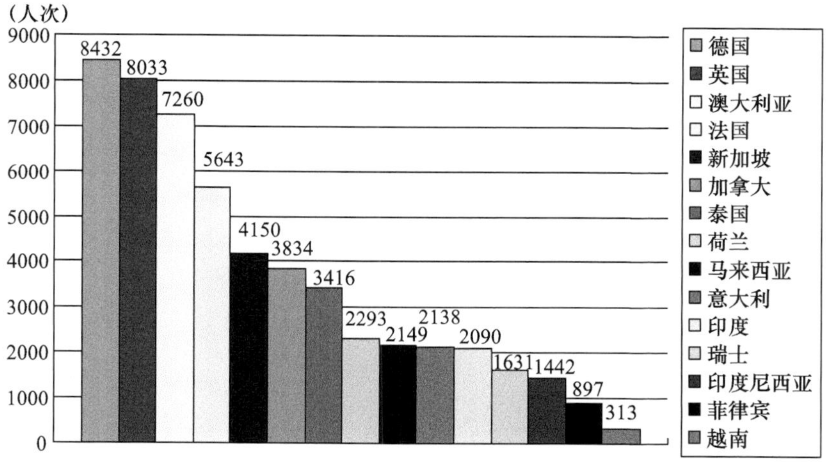

图 7-10　2014 年内蒙古自治区各客源国入境旅游者人次

资料来源：2015 年内蒙古自治区旅游统计便览。

主要客源国和地区近 10 年的入境人次数变化情况见图 7-11 和图 7-12。从图 7-11 可以看出，蒙古国入境旅游者在经历了 2005~2008 年的快速上升之后，维持了相对平稳的入境人次；俄罗斯入境人次同样在 2005~2008 年保持了较快增长，但在 2009 年有较大幅度的下挫，之后稳步上升；日本、韩国、美国三国的入境旅游者人次始终保持平稳态势，但于蒙古国等主要客源国存在不小差距。从图 7-12 可以看出，香港地区的入境人次数最高，近两年有较大波动，但持续上升的基本趋势没变；台湾地区的入境人次数仅次于香港地区，始终保持着向上攀升的势头；澳门地区入境人次数相对较低，呈现了较为缓慢的上升趋势。

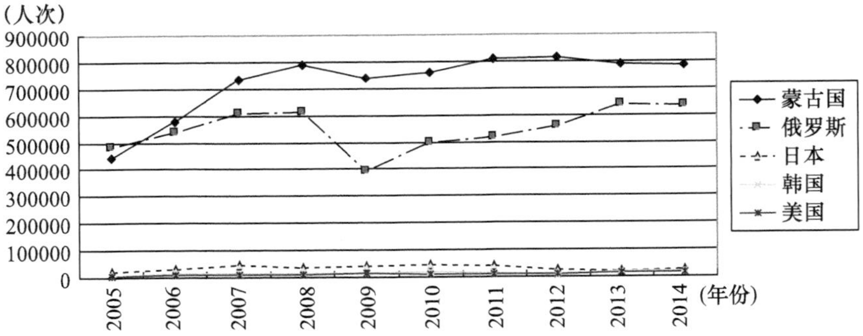

图 7-11　2005～2014 年内蒙古自治区主要客源国游客入境情况

资料来源：2015 年内蒙古自治区旅游统计便览。

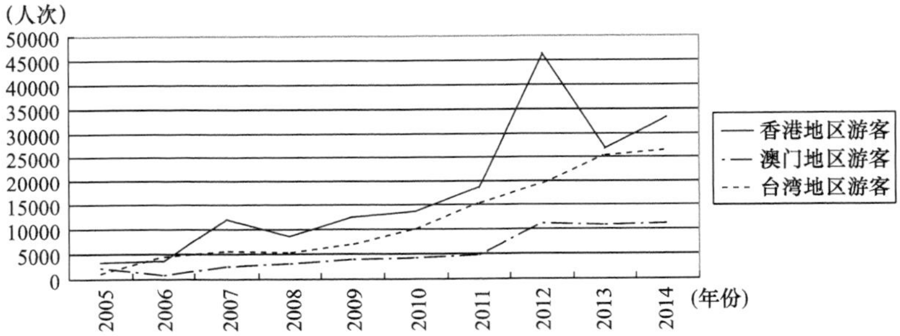

图 7-12　2005～2014 年内蒙古自治区港澳台地区游客入境情况

资料来源：2015 年内蒙古自治区旅游统计便览。

5. 入境客流空间分布

内蒙古自治区入境客流的空间分布是研究内蒙古自治区入境旅游市场的重要指标，该指标反映了内蒙古自治区入境旅游市场的空间结构，是掌握内蒙古自治区入境旅游市场发展走向，制定营销战略、策略的有效依据。从表 7-7、图 7-13可以看出，目前，内蒙古自治区入境旅游者主要通过满洲里和二连浩特两个口岸进入，是内蒙古自治区接待入境旅游者的主要门户，2014 年，经满洲里口岸进入内蒙古自治区的入境旅游者为 538652 人次，经二连浩特口岸进入的游客为 606417 人次，分别占到 2014 年内蒙古自治区全年接待入境旅游者 167.12 万人次的 32.23% 和 36.29%，合计占到 68.52%，将近七成，不容小觑。从两个口岸 2014 年的旅游创汇情况来看，满洲里市和二连浩特市分别创汇 32117 万美元和 20495 万美元，占 2014 年全区入境旅游外汇收入 10.03 亿美元的 32.02% 和 20.43%，合计占到 52.45%，超过五成，同样说明了两地在接待入境旅游者市场方面的重要地位。图 7 - 14、图 7 - 15 展示了两地 2005 ~ 2014 年以来入境旅游者人次与创汇的变化情况。

表 7 - 7　2005 ~ 2014 年内蒙古自治区口岸城市入境旅游人数及创汇统计

年份	接待人数（人次）		创汇（万美元）	
	满洲里	二连浩特	满洲里	二连浩特
2005	469742	385481	19247	11222
2006	526359	514269	17388	15275
2007	595140	649249	22016	21588
2008	603338	695688	23043	20888
2009	378317	619479	17356	20140
2010	487186	605714	24411	16418
2011	478196	630144	22877	19335
2012	509051	645144	31053	20739
2013	530389	599109	36566	23269
2014	538652	606417	32117	20495

资料来源：2015 年内蒙古自治区旅游统计便览。

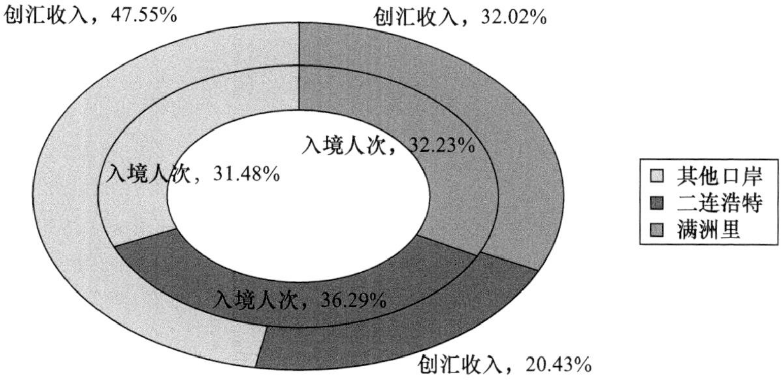

图 7 - 13　2014 年内蒙古自治区满洲里二连浩特口岸入境旅游人次与创汇情况

资料来源：2015 年内蒙古自治区旅游统计便览。

比较图 7 - 14 和图 7 - 15，2007 年以来，二连浩特口岸的入境旅游者人次一直高于满洲里口岸入境人次，但在旅游创汇收入方面，除 2009 年二连浩特口岸高于满洲里口岸外，其他年份满洲里口岸的创汇水平都在二连浩特口岸之上，且两地间的差距在不断扩大。

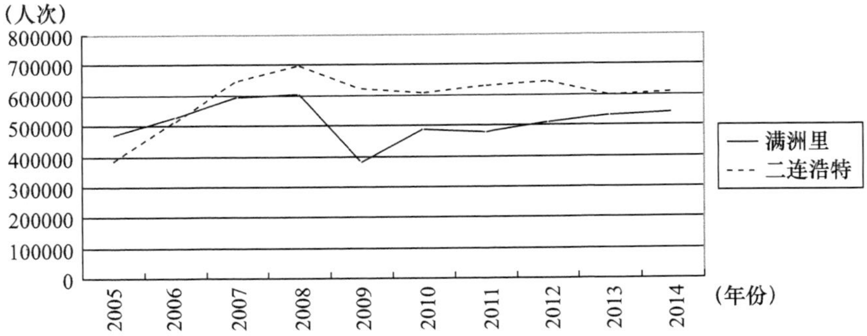

图 7-14　2005～2014 年满洲里口岸、二连浩特口岸入境旅游者人次变化趋势

资料来源：2015 年内蒙古自治区旅游统计便览。

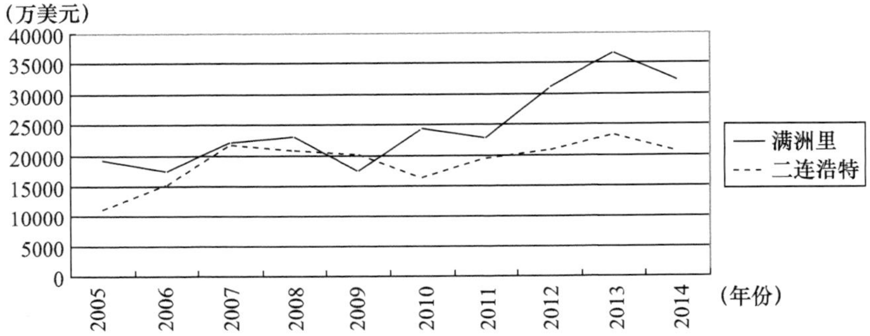

图 7-15　2005～2014 年满洲里、二连浩特口岸入境旅游创汇收入变化趋势

资料来源：2015 年内蒙古自治区旅游统计便览。

（二）现状评析

1. 入境旅游市场规模持续扩大，但增速放缓

随着我国对外开放水平的不断提高，我国与周边国家关系的不断升温，以及我国国际影响力的不断上升，我国入境旅游市场规模稳步扩大。而作为面向蒙古国、俄罗斯的北疆门户，内蒙古自治区入境旅游市场同样发展势头强劲。然而，入境旅游市场不同于国内旅游市场，其发展规模受内外部多重因素的综合影响，市场开拓的不确定性更为显著。目前，内蒙古自治区入境旅游市场增速放缓，在全球经济复苏乏力，我国经济发展转为新常态的大背景下，入境旅游市场更有缩减的可能。因此，开展有针对性的入境旅游市场调查与研究极有必要，特别是针对蒙古国、俄罗斯、日本、韩国、美国，以及香港特别行政区、中国台湾地区、澳门特别行政区等主要客源国与地区的调查研究。可以尝试通过回归分析，掌握影响入境市场的影响因子，进而提出有针对性的发展对策。

2. 入境旅游者停留时间与花费水平不断增加，但仍然存在挖掘空间

与影响国内旅游者人均消费与停留时间的因素相似，内蒙古自治区入境旅游

者停留时间与花费水平同样受到产品相对单一，参与、体验性项目不足，高品质、高附加值产品与服务匮乏，各盟市旅游景区（点）旅游合作不力等因素的影响与制约。国家旅游局发布的《2013年中国旅游业统计公报》指出，2013年外国入境过夜游客在我国境内平均停留时间为7.9天，人均天花费为225.96美元，而2014年我区入境过夜游客平均停留时间为4.25天，外国人人均天花费为196.75美元，两项指标均显著低于全国平均水平。除蒙古国外，内蒙古自治区主要入境旅游客源国（俄罗斯、日本、韩国、美国）及地区（中国台湾、香港特别行政区、澳门特别行政区）人均GDP均高于我国，旅游消费潜力巨大。因此，进一步丰富旅游产品类型与档次结构，推动内蒙古自治区内不同区域间的旅游优势互补与合作，完善并提升旅游接待设施与服务的水平，以不断延长、增加入境旅游者的停留时间与花费水平。

3. 入境客源市场分布不均衡，客源国市场开拓仍需发力

内蒙古自治区入境旅游客源市场的集中度较高，其中不乏区位因素的影响，与蒙古国、俄罗斯接壤是天然的区位优势，为内蒙古自治区入境旅游市场提供了较为稳定的基础市场保障。稳定的基础客源市场固然具有其他省、市、自治区无法复制的优势，但也存在着过分依赖基础市场而形成的市场单一风险。因此，内蒙古自治区入境客源市场的广泛开拓刻不容缓。要在稳固基础入境客源市场的前提下，集中精力、稳步推进、逐一开拓，最终形成根基稳固，枝繁叶茂的入境客源市场体系。

4. 入境客流分布不均衡，加强多口岸入境市场开拓势在必行

内蒙古自治区与蒙古国、俄罗斯有多达十多处的铁路、公路及航空口岸，两国入境旅游者进入我国的通道较为便捷。目前，二连浩特口岸和满洲里口岸分担了绝大多数的蒙古国与俄罗斯入境游客，也使两地成为了内蒙古自治区接待入境旅游市场的热点地区。这一方面促进了两个口岸城市旅游业的蓬勃发展，另一方面也制约了区内其他地区入境旅游市场的发展。促进入境客流合理流动，提高区域内入境旅游市场分布的均衡性有利于全区整体入境旅游市场的繁荣与可持续发展。因此，通过有效途径，积极引导，合理分流，形成多口岸入境旅游市场格局是未来努力方向。

三、市场开拓与推广

（一）旅游市场开拓与推广现状

1. 规范推进央视旅游广告宣传

全面推行和规范政府购买服务工作，通过竞标和专家评审程序，确定了央视

广告代理公司。同时进一步调动各盟市积极性，采取自治区补助、各盟市按比例分担的方式更新央视广告内容；更新内蒙古自治区旅游整体形象宣传口号，确定了“祖国正北方，亮丽内蒙古自治区”主题形象口号，“美丽的草原我的家——全生态内蒙古自治区”、“美丽中国梦，神奇内蒙古自治区”、“内蒙古自治区，马上游”、“内蒙古自治区，让心灵休憩的地方”、“自由自在内蒙古自治区”等获奖口号，用于不同场合、不同类型的宣传促销。

2. 全面加强内蒙古自治区冬季旅游宣传工作，大力开拓冬季旅游市场

在北京市、上海市、广州省和毗邻省份等内蒙古自治区重要旅游客源地，综合利用电视、报刊、网络、新媒体、旅行社踩线等多种方式，开展立体式全方位冬季旅游促销。同时进一步加强冬季旅游产品建设，2014 年，内蒙古自治区打造冬季旅游项目升级版，各盟市积极推出赏雪景、滑雪、冰上捕鱼等冰雪旅游系列项目吸引各地游客。

呼和浩特市从 2014 年 12 月 28 日到 2015 年 2 月 28 日，推出以“冰雪哈素海，温情敕勒川”为主题的活动，内容主要包括庙会、美食街等，有体现冰雪文化的雪雕、冬季盛装展；有滑冰、冰球、滑雪、雪地摩托、动力滑翔伞、雪地热气球等运动项目，还有以亲子为主要内容的儿童梦幻主题乐园；包头市主要以冰雪游乐，体验草原冬季牧户游牧生活及草原深度探险游、农家冬季绿色生态蔬菜草莓采摘、渔家冬季垂钓、冬捕活动、感受乔家金街晋商、四口文化庙会活动。

鄂尔多斯市在原有的基础上继续加大力度，推动冬季旅游发展，首先以鄂尔多斯九成宫冰雪旅游文化节为代表的冰雪旅游，该节庆从 2011 年开始到 2014 年已成功举办三届，共计接待游客 11.1 万人次。隆冬时节，成吉思汗陵四时大祭之一的阴历十月初三冬季达斯玛大祭，农历腊月二十三蒙古族传统的祭火和正月初一圣主祭，每年都吸引大量游客前来，另外，该地区的农牧家乐及冬捕冰钓旅游产品同样受到广大游客的追捧，冰雪旅游文化体验线路（国家非物质文化遗产与冰雪节情人节，万通水世界 4A 级冬季体育嘉年华，碧海阳光温泉度假村 4A 级新泉暖冬活动等）。

呼伦贝尔市依托当地旅游原生态、多民俗、国际性的定位，2014 年冬季主要节庆活动为 2014 年内蒙古自治区冬季冰雪那达慕暨第二届中国冷极节、全国首届雪地摩托车越野挑战赛、海拉尔国际雪雕大赛及冰雪欢乐体验游活动、第六届金龙山滑雪节暨户外嘉年华活动、冬季“天天那达慕”及牧户体验游活动、冬季大兴安岭深度体验游活动、中俄蒙三国选美大赛暨满洲里国际冰雪节活动、冬季冰雪旅游摄影大赛、越野 E 族冰雪汽车挑战赛、中俄蒙国际羽毛球赛，一系列的活动将吸引大量中外游客前来。

此外、通辽市、赤峰市、锡林郭勒盟、巴彦淖尔市、乌海市、乌兰察布市、

阿拉善盟同时推出了冬季特色旅游产品，全力拓展客源市场。

3. 事件营销不断升级，市场影响力稳步提升

2014 年，内蒙古自治区旅游节事活动如火如荼，市场影响力持续提高。成功举办了“5 · 19”中国旅游日及中国智慧旅游年主题活动、第 25 届旅游那达慕、第 11 届中国蒙古族服装服饰艺术节等节庆活动，内蒙古自治区呼伦贝尔市冰雪那达慕被评为“中国当代节庆品牌逾十年著名品牌”。

（1）中国游牧文化旅游节。为学习先进经验，推介内蒙古自治区包头市达茂旗旅游，共谋区域发展，加深彼此间的交流与合作，顺应旅游大发展与区域旅游合作发展趋势，2014 年 4 月 11 日，“第二届中国游牧文化旅游节暨内蒙古自治区包头市达茂旗旅游推介会”在内蒙古自治区呼和浩特市隆重召开。2013 年首届在达茂旗成功举办，打响了草原游牧文化的旅游品牌，丰富了包头市乃至内蒙古自治区的旅游节庆活动，实现了游牧文化与草原旅游的融合发展。2014 年，达茂旗中国游牧文化旅游节，打破了传统节庆活动“开幕即落幕”的定式，历时长达 90 天，设置活动 100 多项，天天有活动，周周有高潮，仅开幕式当天，就接待游客 10. 18 万人次，实现旅游营业收入 4072 万元。

（2）中国旅游日与国际博物馆日。“5 · 19 中国旅游日”是国务院于 2011 年批准的非法定节假日，设立“中国旅游日”旨在强化旅游宣传，培养国民旅游休闲意识，鼓励人民群众广泛参与旅游活动，提升国民生活质量，推动旅游业发展。“中国旅游日”设立，标志着我国旅游业正迈入一个更好地满足人民群众日益增长的旅游需求的新时代。2014 年是第 4 个中国旅游日，内蒙古自治区将中国旅游日与国际博物馆日宣传活动同时启动。内蒙古自治区旅游局为了达到中国旅游日较好的宣传目的，部分旗县提早进行了“5 · 19”宣传活动。鄂尔多斯康巴什牡丹旅游文化周活动则从 5 月 19 日开始，为期一周，让旅游日宣传持续保持“热”效应。内蒙古自治区博物馆则推出流动数字博物馆，让游客自由地从 360 度鉴赏文物。内蒙古自治区各盟市同步举办的中国旅游日系列宣传活动，都以“智慧旅游”和“内蒙古自治区人游内蒙古自治区”为主题，积极传达“快乐旅游，公益惠民”的内涵和理念，推出针对广大民众的大型旅游宣传、旅游咨询服务和优惠促销活动等。各地精心组织推出多样活动：一是智慧旅游体验，阿拉善盟旅游局通过网络和手机端等新媒介关注提升知名度，乌兰察布市旅游局推出微信旅游信息，锡林郭勒盟旅游局正式开通手机 Wap 网，鄂尔多斯市旅游局现场演示通过无线网进行旅游自主体验；二是推出了旅游惠民服务，到 2014 年 5 月 16 日为止，内蒙古自治区共有 41 家景区赠送免费门票 25305 张，价值 331 多万元，有 12 家景区赠送打折门票 11530 张，价值 300 多万元，合计价值 600 多万元，有 10 家景区“5 · 19”当天可免费游览，部分酒店和旅行社还推出了不同形式的打折优惠活

动；三是各盟市结合地方特色旅游资源，推出特色鲜明、时代感强、结构丰富的旅游线路；四是组织景区、酒店和旅行社等单位设立宣传台，对本地区旅游资源产品现场展示，旅游企业现场优惠销售旅游产品；五是举办旅游推介和广场文艺演出；六是与相关部门共同举办活动，丰富旅游宣传内容，提升旅游宣传吸引力。

4. 持续开展常规性促销工作

2014 年，内蒙古自治区旅游局组织相关组织、单位积极参加国内各种旅游交流会，宣传范围涵盖了京津、长三角、珠三角、北方十省、川渝、丝绸之路沿线省市区。参加国际旅游交易会 10 余次，在稳固俄蒙市场的基础上，加大欧美、东南亚和港澳台客源市场的开发力度。

5. 深入开展区域旅游市场一体化工作

积极推动与丝绸之路经济带沿线国家、周边省区旅游业实现资源共享、品牌共建、线路互联、节会互参、市场互动。大力推进各盟市合作，优先推进呼包鄂一体化发展。2014 年 5 月 21 日，由内蒙古自治区旅游局、包头市人民政府主办，包头市、呼和浩特市、鄂尔多斯市、巴彦淖尔市和乌兰察布市旅游局共同承办的“内蒙古自治区中部地区旅游推介踩线会”在包头市开幕。会议的主题为“重走草原丝绸之路，再现内蒙古自治区中部风采”。内蒙古自治区中部——包头市、呼和浩特市、鄂尔多斯市、巴彦淖尔市和乌兰察布市五市旅游局领导及旅游企业，全国 23 省 65 市 180 家应邀参会的旅行社代表及区内外新闻媒体的记者共 300 多人参加了此次会议。推介会是在各地旅游即将进入旺季之时，为了加强区内外旅游业界的合作，展示内蒙古自治区丰富的旅游资源和产品，延伸内蒙古自治区各盟市及周边省市旅游线路产品的对接，推动内蒙古自治区中部五市旅游业的发展而召开的一次旅游盛会。

（二）旅游市场进一步开拓思路

旅游需求的持续升温，内蒙古自治区旅游生态资源、环境的持续改善，旅游需求与供给的相互影响，彼此促进，未来内蒙古自治区旅游市场开发潜力不可限量。因此，通过全面考察市场现状、综合研判市场走势、科学规划营销对策、稳步推进市场开发，内蒙古自治区旅游市场绩效将有更加优异的表现。

1. 明确国内、入境目标市场，以针对性开拓市场

（1）国内旅游市场。在国内旅游市场方面，重点在北京市、天津市、山东省、河南省、重庆市、四川省、长三角、珠三角等主要客源地开展专项立体式宣传促销，通过报刊、网络、电视广告、推介会等形式进一步扩大宣传面，提高影响力。各盟市要高度重视周边省市区的促销工作，在相邻省市区塑造内蒙古自治区旅游品牌形象，构建连接外省市区的跨地区旅游线路。

（2）入境旅游市场方面。以俄蒙市场为基础，重点突破港澳台地区、韩国等主要客源地。要组织参加俄罗斯、蒙古、韩国、香港特别行政区、中国台湾等国际旅游展，参加国家旅游局美丽中国—丝绸之路、古老长城、天下黄河旅游带境外联合推广活动，继续举办中俄青少年互访交流活动并扩展到中蒙，增强内蒙古自治区对俄蒙的吸引力和影响力，形成立足俄蒙、巩固港澳台、拓展欧美的市场开发格局。

2. 优化媒体使用结构，以提高营销绩效

（1）以提高内蒙古自治区旅游影响力和知名度为目标，全力打造“祖国正北方、亮丽内蒙古自治区”的形象主题。要广泛宣传“亮丽内蒙古自治区”品牌，以此品牌统领全区旅游营销，以向内外部市场传递统一、鲜明的目的地形象。实施政府主导、企业联手、媒体跟进“三位一体”的合力营销策略，不断提高内蒙古自治区旅游影响力和知名度。

（2）优化广告媒体的组成结构，形成多管齐下、合力营销的良好局面。一是强化央视广告宣传，更新广告内容，增加时长，强化内蒙古自治区旅游形象品牌；二是开展常规广告宣传，在客源地省区电视、报纸、杂志、国航等机载杂志、在中国旅游报上刊登内蒙古自治区旅游宣传专版和广告；三是满足自助散客游和自驾游客需求，强化高铁、高速公路服务区的广告宣传。

（3）积极利用新媒体展开宣传，以紧随市场与时代发展步伐。一是积极与途牛、去哪儿、携程等网络媒体合作，通过商业广告、专题活动、互动交流等多种形式宣传内蒙古自治区旅游；二是强化微信、微博促销，开发手机 APP 终端，推进内蒙古自治区旅游 OTO 的快速发展。

3. 以产品开发为关键抓手，持续开展冬季旅游市场的开发

冬季旅游市场开发是内蒙古自治区旅游市场实现跨越式增长的可靠路径，其深远意义不言而喻。内蒙古自治区冬季旅游市场的开拓关键在于冬季旅游产品的开发与营销，为此要继续深度开发冬季旅游产品，评估以往冬季旅游效果，进一步加大资金支持和促销力度，完善已有精品线路和其他盟市积极跟进的冬季旅游发展格局，逐步形成与东北三省齐头并进的发展趋势。鼓励和支持赤峰、锡林郭勒、乌兰察布等邻近京津地区的盟市，发挥冬季冰雪优势和区位优势，借助冬奥会举办契机，积极发展冬季旅游。

4. 推进旅游市场一体化进程，扩大入境、国内、区内旅游市场发展格局

积极推动与丝绸之路经济带沿线国家、周边省区旅游业实现资源共享、品牌共建、线路互联、节会互参、市场互动。

（1）在入境旅游市场方面，全面加强与蒙古国、俄罗斯的合作，强化跨境旅游合作机制。以草原丝绸之路（含茶叶之路）为纽带，深入开发中俄蒙三国

的跨境旅游线路，依托中俄、中蒙边境口岸建设满洲里—红石、二连浩特—扎门乌德、阿尔山—松贝尔等跨境旅游合作区。在俄蒙两国相邻地区逐步设立商贸旅游代办机构，支持俄蒙两国相邻地区旅游机构在内蒙古自治区设立办事处、代表处，促进交流合作。

（2）在国内旅游市场方面，推进内蒙古自治区与周边省区的旅游合作，重点是开发跨省区的环线旅游线路产品。围绕丝绸之路经济带、大东北区域合作、环渤海经济圈、长城和黄河沿线区域合作等，积极融入、主动对接，与相关省区建立旅游合作机制，加强联合宣传促销，共同打造各类主题旅游产品和旅游经济带，推进区域旅游市场融合发展。加快推进蒙晋冀、辽冀蒙等合作地区实现旅游服务、安全救援、金融消费、旅游交通的“一站通”、“一网通”、“一卡通”和“一路通”，以加强区域性市场营销和客源互送，构建高效、畅通的旅游区域合作体系。

（3）在区内旅游市场方面，加强区内旅游合作。打破盟市行政区域界限，以旅游资源集聚、中心城市辐射和交通网络体系为依托，构建一批核心旅游目的地，建设自治区旅游业发展集聚地和增长极。优先推进“呼包鄂”区域旅游一体化发展，着力推进呼伦贝尔—兴安、赤峰—锡林郭勒、乌海—阿拉善区域旅游统筹发展，逐步实现产业布局一体化、市场营销一体化和服务体系一体化，构建国家级休闲度假旅游目的地。

5. 加大市场监管，提高管理服务水平

市场的开发意义重大，而市场的管理同样不可忽视，后者更是前者的重要保障。因此，要深入贯彻落实自治区党委九届十二次会议精神，推进依法治旅：一是全面实施《旅游法》，进一步简政放权，继续下放普通旅行社审批权，由严格审批向严格监管转变，推进《自治区旅游条例》的修订工作，建立有利于发挥市场主体作用和依法治旅的管理体系。规范旅游经营者、消费者权利义务，加大信用体系建设。二是加强旅游安全保障体系建设，完善旅游安全管理制度。明确地方政府的旅游安全主体责任，构建自治区、盟市、旗县、企业联动的应急救援体系。要明确各方职责和义务，依法主张，积极协调，妥善处理好各类事故及纠纷，把问题解决在基层，化解在初期，提高防控风险和消除负面影响的能力。三是坚持常年监管与节假日、旺季时段的特殊管控结合。开展年度本级巡回和联合检查，推动旅游安全市场监管向重心下移、企业责任第一、查有记录、改有要求和事故追责的方向进展，把管理和防范做到位、做扎实。四是强化旅行社责任保险按期认购，积极开展交通、饭店、景区旅游保险工作，增大防避风险的面积。五是贯彻落实中央和自治区关于文明旅游工作的指示精神，将社会主义核心价值观灌输到旅游行业、旅游从业人员中，牢固树立“旅游为本、服务至诚”的旅游行业核心价值观，增强精神文明建设在旅游行业中的指引和支撑作用。

第八章

内蒙古自治区旅游资源

旅游资源作为旅游活动的对象，是一国一地区发展旅游业最基本的前提。旅游资源的核心是其旅游吸引功能。因此，凡是能够直接使旅游者产生旅游动机、实施旅游行为，并能为旅游业所利用，产生一定经济、社会与环境效益的任何旅游地吸引性因素，都可作为旅游资源。中国使用的旅游资源这一概念，是具有特殊含义的资源概念，基本等同于西方旅游界普遍使用的“Tourism Attraction”（可译为“旅游吸引物”或“旅游吸引因素”）这一专用术语的含义。旅游资源作为旅游吸引因素，可以是天然的，也可以是人造的；可以是有形的，也可以是无形的；可以是具体的，也可以是抽象的；可以是真实的，也可以是虚构的。除自然景观、历史古迹外，一个地方的人造景观、娱乐场所、会议设施、商贸与节庆活动、特殊技艺的操作表演、神话传说以及“社会新貌”、“都市风光”之类的抽象概念，也均可成为吸引旅游者的旅游资源。根据旅游研究及旅游开发的实际需要，可将旅游资源作不同的分类。目前运用最多的旅游资源分类体系，是根据旅游资源的本体性质和成因差异所作的分类。即把自然地理环境中的旅游吸引因素归为自然旅游资源，人文地理环境中的旅游吸引因素归为人文旅游资源，然后再把这两大系列旅游资源作进一步细分。内蒙古自治区草原、古迹、沙漠、湖泊、森林、民俗、冰雪、地质地貌“八大奇观”构成独特的旅游胜景。内蒙古自治区辽阔的大草原富饶美丽。大兴安岭的莽林风光吸引着无数国内外游客。蒙古族歌舞是世界文化艺术宝库中的灿烂明珠，赛马、摔跤、射箭被视为蒙古族的“男儿三艺”，蜚声中外。传统的那达慕常常把中外游客带进浓烈的兴趣之中。名胜古迹如呼和浩特市的五塔寺、大召、昭君墓、席力图召、乌素图召、白塔，包头市的五当召、美岱召，伊金霍洛旗的成吉思汗陵园，阿拉善左旗的延福寺，赤峰市的辽上京、辽中京、大明塔，鄂伦春自治旗的嘎仙洞等，星罗棋布。天然湖泊众多，有大小湖泊1000余个，是全国主要的湖泊集中分布地区之一。内蒙古自治区地质地貌是古环境演化的实际记录，在宏观格局和微观演示上都有突出的特点。

一、内蒙古自治区旅游资源概况

（一）内蒙古自治区自然旅游资源

内蒙古自治区有连绵起伏的崇山峻岭，广袤无垠的草原，水产丰富的河湖，绿荫蔽日的森林，种类繁多的珍禽异兽，婀娜多姿的奇花异草和蕴藏丰富的地下宝藏，这些均为内蒙古自治区旅游业的发展提供了良好的自然基础，形成了独特的自然景观。

1. 高原

内蒙古自治区的地形以高原为主，约占全区面积的1/2，它位于中国的正北方，地处北半球中纬度温带和太平洋西岸欧亚大陆腹地的过渡地带，是世界著名的蒙古高原的东南部分，内蒙古自治区高原东起大兴安岭，西至河西走廊马鬃山—龙首山—乌鞘山一带，南以长城为界，北以中蒙边界为线，海拔1000～1400米，是中国仅次于青藏高原的第二大高原。由于内蒙古自治区高原自东向西，横跨半湿润、半干旱、干旱三个地带，自然条件具有明显的差异，所以，自东向西分为“山水相映、林草同辉、沙环水绕”的呼伦贝尔高原，“河、湖、沙、台地、草原穿插分布”的锡林郭勒高原，“天地悠远、绿草深藏”的乌兰察布高原，“大漠无垠、草原广袤、湖泊散布”的鄂尔多斯高原，“连绵沙丘、沙湖镶嵌、绿洲散布”的阿拉善高原。

2. 草原

草原是内蒙古自治区最具有特色的旅游资源，是旅游业发展的基础，内蒙古自治区草原面积约有87万平方公里，约占自治区总土地面积的2/3，占全国草场面积的1/4多，居中国五大草原之首，依据区域水热条件和植被特征的差异，内蒙古自治区的天然草场从东向西，随着地势、气候、土壤等生态因素的变化，可分为草甸草原、典型草原和荒漠草原等类型，其中著名的草原有五个。呼伦贝尔草原位于呼伦贝尔市、大兴安岭以西地区，面积广阔，呈波状起伏，是中国面积最大、质量最好的草原，属草甸草原。草高而茂盛，鲜花丛生，盛产蘑菇，被誉为没有污染的“绿色净土”，在国内外有较高的知名度。锡林郭勒草原位于锡林郭勒盟，广阔平坦，是中国典型的温度草原，自然景观较为丰富，东北部和中部草质较好，草高而密，南部和西北部为沙地草原。科尔沁草原位于兴安盟和通辽市，草原面积小于呼伦贝尔和锡林郭勒草原，地势平坦，草高而密，是天然的优良草场。乌兰察布草原位于乌兰察布市和包头市北郊，属温带半干旱草原。鄂尔多斯草原位于鄂尔多斯高原上，地表多为半流动沙丘，呈波状起伏，为典型的沙地草原景观。

3. 森林

内蒙古自治区东西横跨2400公里，自然条件差异大，森林资源呈现自东向西逐渐减少的分布趋势，内蒙古自治区的森林景观尤以乔本植物为主的植物群落和栖息其间的动物群落共同组成。内蒙古自治区地区的原始森林主要分布在大兴安岭一线，其他地区较少，次生林主要分布在大兴安岭南段，大小罕山、阴山一线，人工林主要分布在低地。内蒙古自治区的森林面积共有1860万公顷，约占全国森林总面积的12.8%。众多的森林公园是发展森林旅游业的基础，位于大兴安岭的原始森林总面积667万公顷，已列入国家自然保护区的有448万公顷，是中国最大的天然林保护区。区域生态环境良好，山清水秀，风景优美，野生动物种类繁多，为发展森林观光、动植物考察、避暑旅游提供了有利条件，是森林旅游资源开发的重点。

4. 沙漠

内蒙古自治区的沙漠、沙地位于中国整个沙漠带的东部与东北部，总面积22.67平方公里，拥有中国第三、世界第四的大沙漠——巴丹吉林沙漠，著名的沙漠还有腾格里沙漠、库不其沙漠、乌兰布和沙漠等。沙漠、湖泊、绿洲相映成辉，构成了独特的大漠自然风光。巴丹吉林沙漠是一个特大的鸣沙区，位于阿拉善盟阿拉善右旗，面积达到4.92万平方公里。沙漠内分布着不计其数的新月形沙丘、金字塔沙丘和各种形状的沙山。其中无数高大的鸣沙山与144个内陆小湖相应成趣，形成了独特的沙漠景观，是极有开发价值的旅游资源。此外，还生长着2.2万公顷的原始胡杨林，是世界宝贵的自然遗产。库布其沙漠位于鄂尔多斯市南部，呈东西带状走向，以新月形沙丘链和格状沙丘为主，但大部分为流动沙丘。植被稀少，其西部以与毛乌素沙地连接一体，形成引人注目的“握手沙”。位于沙漠东段的响沙弯和恩格贝是著名的沙漠旅游景点。乌兰布和沙漠地处内蒙古自治区西部，范围包括阿拉善盟东部和巴彦淖尔盟西部，沙漠南部多流动沙丘，中部多为垄断形沙丘，北部多为固定、半固定沙丘。乌兰布和沙漠日照充足，湖地广布，是开展沙漠考察观光、游牧等旅游项目的理想场所。腾格里沙漠位于阿拉善盟阿拉善左旗西南部，东抵贺兰山、南越长城，西至雅不赖山，面积3.67万平方公里，主要特点是沙丘、湖盆、山地、残丘及平地相互交错。

5. 大川名湖

内蒙古自治区共有70余条流域面积在1000平方公里以上的河湖，黄河是内蒙古自治区境内最长的河流，全长800公里，呈巨大几字形。由于黄河由南向北流入内蒙古自治区，在冬季河流封冻和春季河流解冻时，大量冰块在河套一带受阻，形成冰坝，称为“凌汛”，是黄河在内蒙古自治区特有的现象。毕拉河、额尔古纳河流经大兴安岭腹地，河道千回百转，鬼斧神工，浑然天成。西部地区的艾布该河，额济纳河是著名的内流河，河水、绿洲、自然景观和人工景观浑然一体，独具魅力。内蒙古自治区湖泊星罗棋布，大小湖泊1000余个，是中国内陆湖聚集的地区之一。“东看似月亮，西瞧如地图”的中国湖，号称“沙漠银湖”的硝湖，如此等等。内蒙古自治区地区许多湖泊及周围繁茂的草丛、芦苇栖息着各种禽鸟。鹤立湖中，鸟戏水面，鹰盘上空，构成了草原上特有的泽国风光。

6. 珍禽异兽、奇花异草

内蒙古自治区地域辽阔，气候多样，为野生的动植物提供了繁衍发展的有利条件。现已查明，全区有兽类114种，鸟类362种。著名的珍禽异兽有马鹿、罕达犴、驯鹿、青羊、岩羊、狍子、麝、黑熊、雪豹、貂熊、猞猁、赤狐、羚羊、黄羊、野猪、旱獭、野驴、野骆驼、野兔、飞龙、黑琴鸡、天鹅、地甫鸟、鸳鸯、大雁、鹌鹑、沙鸡、野鸡等，列入国家和自然保护区的动物有49种。野生植物不少于1000种，独具“塞外特色”的名贵中药材500多种，尤以“梁外甘草”、“蒙古黄芪”等最为著名，成为中国重要的中草药材生产基地之一；有70多种纤维用植物，几十种油料植物，食用植物，如“文冠果”、“北国红豆”、山葡萄、山樱桃、山杏、越橘等，可制罐头。蘑菇、木耳、发菜，特别是“猴头”、“口蘑”、“梁外发菜”最负盛名。

7. 气候冰雪

内蒙古自治区夏季气温凉爽，适宜休闲度假。冬季，内蒙古自治区东北部地区冰雪资源在全国出类拔萃，尤其是与大兴安岭的良好组合，提供了开展冰雪旅游的最优条件。

（二）内蒙古自治区人文旅游资源

1. 文物古迹

内蒙古自治区文物古迹众多，上至远古时代人类活动遗迹，下至近代历史遗迹，应有尽有。其中，尤其以三个时期最为重要：①辽文化遗址，全国闻名，主要分布在赤峰地区，但地表建筑多已损坏，人工修复难度较大，如辽帝陵；②元代文物古迹，数量不多，以锡林郭勒盟为主，较有蒙古民族特色，应是资源开发的重点；③明清时期的召庙、各种衙署，保存完整，充分体现了喇嘛教在内蒙古自治区地区的影响，反映了明清时期蒙古族的政治、经济、文化特点，如大召、将军衙署等。位于鄂尔多斯高原的成吉思汗陵，气势雄伟，表现了蒙古族特有的艺术风格。位于呼和浩特南郊的昭君墓，园内风景优美，文物丰富，是内蒙古自治区地区主要的旅游景区和民族团结的象征。位于锡林郭勒盟的元上都遗迹，古迹清晰，是内蒙古自治区主要的访古旅游胜迹。此外，大窑文化遗址是中国迄今所知唯一经过正式挖掘的早、中、晚三期的旧石器制造厂。黑城古城出土中国最早的活字印刷品和元代纸币。广泛见于阴山、贺兰山山地中的摩崖字画（主要是岩画）在全国乃至世界岩画中占有很重要的地位。它反映了采用民族自石器时代以来各个时期猎牧人群的生产、生活、崇拜、信仰的场景，如此等等。

2. 宗教

内蒙古自治区地区的宗教较之其他省市区具有很强的独特性和民族性，萨满教和喇嘛教深深影响了蒙古族和其他生活在内蒙古自治区的少数民族，至今，内蒙古自治区地区东部地区仍有不少人民信仰萨满教、喇嘛教，如鄂温克族、鄂伦春族等。喇嘛教的影响渗入蒙古族的政治、经济、文化、艺术等各个方面，喇嘛教的教义深刻体现在蒙古族的日常生活当中。而喇嘛寺庙则是喇嘛教广泛流传的见证之一，极具研究价值。如宁城县大明塔、呼和浩特白塔、赤峰舍利宝塔并称内蒙古自治区辽代三大明塔，历史价值和文化价值极高。位于包头市的五当召，汉藏式建筑规模宏大，与西藏的布达拉宫、青海塔尔寺并称喇嘛教三大圣地。

3. 民族风情

内蒙古自治区是以蒙古族为主体，汉族占多数，包括达斡尔、鄂温克、鄂伦春等49个民族组成的少数民族自治区，各民族都有自己独特的风俗习惯、宗教信仰、语言文字和生产生活方式，形成了绚丽多姿的少数民族风土人情。其中，最具特色和旅游开发价值的是蒙古族文化、达斡尔族文化、鄂温克族文化和鄂伦春族文化。蒙古族长期从事畜牧业活动，在辽阔草原上，过着逐水草而居的游牧生活，形成了独特的游牧文化，在饮食起居，待客礼仪、音乐舞蹈以及喜庆佳节等各个方面都体现出本民族长期以来形成的独特风格。如祭敖包，祭敖包是蒙古族最隆重的祭祀活动，敖包意为“堆子”。即人工堆起的石堆或土堆，是蒙古族古代延续下来的祭祀祖先、天地、神灵的地方，也作为草原上的方向指示牌，每年农历五月三十是祭敖包的日子。鄂伦春是中国人口最少的少数民族之一，仅有两千多人，绝大部分居住在大兴安岭深山老林里，以狩猎为主，是现今世界上少有的狩猎民族，男人擅长射箭打猎，女人以雕刻和刺绣见长。鄂伦春人的歌舞反映出狩猎民族的特点，如“黑熊搏斗舞”、“野猪搏斗舞”等，都是模仿这些飞禽走兽的动作或吼叫而创作的歌曲和舞蹈。鄂伦春人会制作精美的桦树皮制品，可作为工艺美术品和旅游纪念品。鄂温克族现主要居住在大兴安岭及呼伦贝尔草原，从事狩猎和畜牧业，仍保持着悠久的民族风格，鄂温克人的民歌民谣丰富多彩；舞蹈多围着篝火进行，场面热烈，动作优美，节奏感强；用桦树皮作的工艺品、刺绣、雕刻、岩画等，都具有鲜明的民族特色。达斡尔族是中国北方具有悠久历史的民族，重视田园栽培，其栽培、管理和加工工艺特别精细，久享盛誉。

达斡尔族人自古酷爱放鹰，走近达斡尔族屯落，总能看到养鹰之家。达斡尔族历来依山建村，傍水而居，在山水自然的博大胸怀中生息、繁衍和发展，“介”字房、“蔓子炕”是达斡尔人房屋居住的典型特征。此外，达斡尔族的礼仪、服饰、婚丧也别具特色。

4. 民族工艺品和土特产品

北方游牧民族用品有着悠久历史，每件民族用品都凝聚着民族智慧，展示着民族的文化，以蒙古族为首的许多少数民族的日常用品，就是制造精美的工艺品，如马头琴、蒙古刀、结盟杯等。传统的民族用品展示民族精神的同时又让人了解到民族深邃的内涵。推陈不忘创新，在原有工艺品的基础上，内蒙古自治区又推出一大批知名产品，如伊利、蒙牛、鄂尔多斯等。

二、内蒙古自治区旅游资源评价

（一）旅游资源的丰度及分布

根据《旅游资源分类、调查与评价》（GB/T 18972—2003）标准要求，内蒙古自治区旅游资源 8 个主类全部具有；31 个亚类中拥有 29 个，155 个基本类型中拥有 108 个，分别占全国旅游资源亚类和基本类型的 93.5% 和 69.7%。总体看来，内蒙古自治区旅游资源的亚类属于丰富级，旅游资源基本类型属于中上等级，见表 8－1。

表 8－1 内蒙古自治区旅游资源类型及其占全国的比例

	主类	亚类	基本类型
全国（个）	8	31	155
内蒙古自治区（个）	8	29	108
比例（%）	100	93.5	69.7

从内蒙古自治区旅游资源数量分布来看，宗教与祭祀活动场所、林地、墓（群）、康体游乐休闲度假地、草地、综合自然景观区、人工水域观光游憩区段、观光游憩湖区、菜系肴馔 9 种基本类型所拥有的单体数量超过了 40 处，属于数量较丰富类型。旅游资源在全区地域上的分配状况可以通过表 8－2 显示。

表8－2　内蒙古自治区旅游资源的盟市区域状况

单位：个

盟市名称	旅游资源主类数量	旅游资源亚类数量	旅游资源基本类型数量	旅游资源等级单体数量
阿拉善盟	8	16	29	79
巴彦淖尔市	7	19	31	69
包头市	6	17	31	44
赤峰市	7	25	52	200
鄂尔多斯市	6	18	28	90
呼和浩特市	7	21	39	117
呼伦贝尔市	8	24	45	153
通辽市	6	15	28	81
乌海市	4	7	8	8
乌兰察布市	6	17	32	85
锡林郭勒盟	6	17	32	78
兴安盟	5	17	22	43

（二）内蒙古自治区旅游资源品质评价

据《内蒙古自治区旅游发展总体规划》，内蒙古自治区优良级旅游资源单体为 305 处，占调查量的 26.1%；普通级旅游资源单体为 741 处，占调查量的 63.5%。在优良级旅游资源中，列入三级的有 242 处、四级的有 55 处、五级的有 8 处。优良级旅游资源分布，在盟市行政区域中，呼伦贝尔和赤峰市拥有优良级旅游资源的数量最为丰富。在旗县级行政区域中，优良级旅游资源数量较多的有呼和浩特市区、克什克腾旗、阿尔山市、阿拉善左旗和锡林浩特市 5 个旗（市）。

（三）内蒙古自治区旅游资源的景观结构评价

内蒙古自治区拥有的旅游资源基本结构如表 8－3 所示：全区旅游资源拥有 155 种基本类型中的 108 种，占 69.7%，属于中上比例。全区各旅游资源主类的基本类型中，占全国该类主类的比例不同，其中旅游商品、遗址遗迹、建筑与设施、天象与气候、生物景观所占的比重较大。其中，宗教与祭祀活动场所、林地、墓（群）、康体游乐休闲度假地、草地、综合自然景观区、人工水域观光游憩区段、观光游憩湖区、原始聚落与宅院或活动地 9 种旅游资源的数量较为丰富。

表 8-3 内蒙古自治区不同类型旅游资源数量构成

主类名称	各主类拥有的基本类型			各三类拥有的旅游资源单体	
	全国（个）	全区（个）	占主类基本类型比例（%）	数量（个）	占全区旅游资源单体总数比例（%）
地文景观	37	19	51.4	182	15.64
水域风光	15	9	60	121	10.40
生物景观	11	8	72.7	120	10.31
天象与气候景观	8	6	75	14	1.20
遗址遗迹	12	10	83.3	132	11.34
建筑与设施	49	38	77.6	475	40.81
旅游商品	7	7	100	51	4.38
人文活动	16	11	68.8	69	5.92
总　计	155	108	69.7	1164	100

（四）内蒙古自治区的自然与人文旅游资源的数量结构评价

根据全国旅游资源基本类型数量，如果自然旅游资源基本类型（地文景观、水域风光、生物景观、天象与气候景观）数量和人文旅游资源基本类型（遗址遗迹、建筑与设施、旅游商品、人文活动）数量所占比例达到4∶5时，即可认为该地区自然旅游资源和人文旅游资源并重。大于4∶5时，即可认为该地区以自然旅游资源为主，小于4∶5时，可认为该地区以人文旅游资源为主。这一结论，有时还应以拥有的旅游资源单体的数量加以校正。如表8-4所示，内蒙古自治区自然旅游资源与人文旅游资源的比值为0.64低于4∶5，所以内蒙古自治区人文旅游资源所占基本类型偏多些。

表 8-4 内蒙古自治区自然旅游资源和人文旅游资源的比较

单位：个

区域	自然旅游资源基本类型	人文旅游资源基本类型	自然旅游资源与人文旅游资源的比值
全国	71	84	0.85
内蒙古自治区	42	66	0.64

（五）内蒙古自治区优势旅游资源定位

内蒙古自治区优良级旅游资源丰富多样，而且在地域分布上有明显的差异性，有利于在全区范围内实现旅游资源开发的多元化，包括旅游开发目标、旅游形象、旅游地类型和旅游产品的多元化。在众多的旅游资源中，内蒙古自治区又以以下旅游资源为优势资源：①草原系列和蒙古族文化系列旅游资源优势突出，并在全国占据强势地位，也是确立内蒙古自治区旅游业发展品牌形象的重要资源载体。②积淀深厚的历史文化（蒙元文化、辽文化、鲜卑北魏文化、草原丝路文化）、独特的三少民族（鄂温克、鄂伦春、达斡尔）等旅游资源具有独特性。分布广泛的召庙、王爷府等古建筑及古长城系列遗址、阴山、贺兰山、桌子山岩画等也具有较高的开发价值。③火山熔岩地貌景观、石林与古冰川遗迹、巨型沙山等构成的特殊地质地貌奇观，森林、草原、沙漠戈壁及其过渡类型构成的大地域自然景观环境差异，以及草原、沙漠、湖泊、河流、温泉、森林、山地景观在小区域范围内的多元化组合景观，既对旅游市场有感召力，也为开发丰富多彩的旅游产品和旅游活动提供了很大的回旋空间。④冰雪资源优势突出，尤其与大兴安岭森林资源的良好组合，适宜开展冰雪旅游的条件和时间都具有比较优势。

三、内蒙古自治区旅游资源开发

“开发”一词是经济学的概念，理解为资源转变成产业的社会劳动过程就是开发。旅游资源开发同其他产业开发有着相同性，即开发旅游资源，形成旅游产业。但是，旅游业是以招徕、接待旅游者为主要内容，因而比其他产业复杂得多。旅游开发一项综合性开发，也是有一定空间范围的区域旅游开发。所谓“旅游资源开发”，就是根据当地的条件，运用适当的资金、技术手段，通过科学的调查、评价、规划、建设经营等，使未被利用的资源得以利用，已被利用的资源在深度和广度上得到加强，并对资源、市场、产品、商品、人才等进行综合研究，确定发展方向，搞好相应的设施配套，创造更佳的效益，使旅游业在区域内得以建立和完善、发展和提高。

（一）开发历史

内蒙古自治区旅游资源开发是随着全区旅游业发展的不断深入而不断展开的。20 世纪 80 年代，在适应发展国际旅游业需求的基础上，由国家、自治区以及有关地方共同投资开发了草原民族风俗旅游资源，先后建成了希拉穆仁、格根塔拉、辉腾锡勒、呼和诺尔、白音胡硕草原旅游点，并投资开发了具有浓郁民族特色的响沙湾、成吉思汗陵旅游区，形成了独具体色的旅游产品和初具规模的接待能力。20 世纪 90 年代，随着旅游业的迅速发展，内蒙古自治区旅游资源开发渐成热潮，国家、地方、部门、集体、个体对旅游资源开发的投资逐渐增多。一方面，针对国内外旅游市场的需求，继续开发草原旅游资源，完善了原有草原旅游点的接待设施和活动项目，新建了珠日河、巴彦塔拉、察尔森、希日塔拉等草原民俗旅游区；另一方面，针对国内旅游以城市居民郊游和近程北方旅游市场为主的特点，积极开发湖泊旅游资源、山地森林旅游资源、温泉旅游资源，先后建设了岱海、哈素海、乌梁素海、达里诺尔、达赉湖等湖泊旅游区，大青山、红山、马鞍山牙克石等一批山地森林旅游区，以及阿尔山温泉、热水塘、中水塘等许多休疗旅游区。

20 世纪末期以来，立足于自治区丰富而独特旅游资源，加大旅游资源开发力度。一是针对海外和国内高端旅游市场，围绕四条旅游精品线路，以成吉思汗文化、草原生态、蒙古族民俗、沙漠观光、温泉疗养、草原休闲等为主题，开发适应海外旅游市场的特色旅游产品。重点支持了成吉思汗陵旅游区、阿尔山温泉、月亮湖、响沙湾、格根塔拉、维信高尔夫球度假村、达里诺尔等一批重点旅游区的配套建设。二是针对国内旅游市场的需求特点，开发了多层次、多元化的旅游产品系列。首先是针对当地居民的休闲旅游需求，发展城郊的自然休闲旅游、农家乐、牧家乐旅游；其次是利用自治区东部的广大林区和三少民族的独特民俗文化，积极开发林家旅游、鄂伦春猎家旅游等特色项目。三是针对国内外旅游市场的新趋势，利用自治区地域广阔、自然风光独特的有力条件，大力发展自驾车游、骑乘旅游、冰雪旅游、摄影旅游、航天科技旅游、拓展训练等新兴旅游项目。四是培育具有市场感召力影响力的品牌旅游节庆产品。大型的旅游节庆活动是旅游资源开发中旅游产品的亮点，自治区组织、扶持了许多旅游节庆活动，重点支持草原那达慕、冰雪节、蒙古族服装节、胡杨观赏节、赛马节、民俗美食节和成吉思汗祭祀等特色节庆活动。这一切都为内蒙古自治区旅游资源开发奠定了坚实的基础。

（二）开发现状

当前，内蒙古自治区旅游资源的开发具有以下几个特点：

1. *旅游产业体系初具规模*

以草原民族风情旅游产品为主的品牌形象突出，旅游中心城市初步形成。比较成型的旅游产品有：以呼和浩特市为中心，连接乌兰察布市、包头市、鄂尔多斯市、巴彦淖尔市的草原风光、沙漠风光、民族风情，文物古迹旅游产品；以海拉尔区为中心，连接满洲里的草原、森林、民俗、边境、冰雪旅游产品。此外，兴安盟、通辽市、赤峰市、锡林郭勒盟、阿拉善盟也都与相邻省区的大城市形成跨省区的旅游线路。同时，新的、高品位的旅游资源开发受到重视。随着交通条件的逐步改善，包括阿斯哈图地质公园、阿尔山温泉和火山地质岩溶景观、额济纳旗生态景观与丝路文化遗址、巴林辽文化遗址、西乌珠穆沁旗草原游牧部落、呼伦贝尔草原、森林及冰雪景观等一批高品位的旅游资源都已列入开发议程或向深度、广度开发方向扩展。

2. 旅游产业的发展活力增强，后发优势开始显现

在经济结构调整的背景下，内蒙古自治区旅游业发展速度不仅快于 GDP 增长速度，而且也是国民经济行业中发展速度最快的部门之一。尤其是 1999 年以来，旅游业收入相当于 GDP 的比重每年增加近 1 个百分点，2014 年内蒙古自治区旅游业收入占到 GDP 的 10.2%。旅游业已经成为国民经济名副其实的新的经济增长点和第三产业支柱。

3. 旅游产业发展投资呈现多元化

尤其在旅游区（点）服务设施、旅游星级饭店、中小旅行社乃至旅游专用路的建设，社会资本都占有一定比重。不少大型企业集团在实施多元化发展战略的背景下，也开始投资旅游业及相关领域。以铁路和干线公路为主的交通网初步形成，支线航空机场得到较快的发展。以呼和浩特市、银川市、北京市和海拉尔市为进出枢纽的区域大交通网络形成，显著地改善了内蒙古自治区区域旅游交通的可达性。从 2001 年以来，在国家西部旅游投资贷款的支持和带动下，旅游专用公路建设速度加快，一批重点旅游区（点）的交通状况明显改善。

4. 旅游客源市场的拓展空间余地较大，多元化市场格局正在形成

首先，国际旅游结构变化中，俄、蒙边贸入境旅游趋于稳定，常规入境旅游开发呈现增长势头。在常规入境旅游中，与全国其他省市比较，目前来自港澳台地区、东南亚、欧美游客的比重还很低，相应的预留的开发空间则很大。其次，在国内旅游结构中，目前仍以近距离客源市场开发为主，中距离的旅游市场开发不足。随着交通条件改善和旅游市场营销力度加大，国际、国内旅游客源市场多元化的趋势会更加明显。近几年，内蒙古自治区通过各种旅游交易会、旅游博览会以及发放旅游宣传册等途径，有效地拓展了入境和国内旅游客源市场。

四、内蒙古自治区旅游资源保护

（一）内蒙古自治区旅游环境问题现状

旅游与环境有着天然的良性互动关系，实现旅游发展与环境保护双赢，是促

进旅游业健康、持续发展的基础。而且实践证明，在国民经济的众多产业中，旅游业是经济发展与环境保护之间冲突最少的产业。但由于开发建设与经营管理不当，旅游也会对环境产生负面影响。内蒙古自治区旅游资源开发面临着以下五个方面的环境问题：

1. 旅游环境的污染

由于一些旅游区的环境保护设施不配套或污染性工业的存在，对旅游服务设施产生的污水、废气和固体废物不能进行有效处置，造成了水体污染、土壤污染、局部大气污染、化学性污染、噪声污染，影响到旅游业的发展。许多草原旅游点没有污水处理设备，生活污水只是通过渗水井排放，对地下水与土壤造成污染。

2. 旅游景观的破坏

由于开发建设的不合理和游客行为的不文明，明显改变了旅游景观的面貌，从而降低了旅游资源的品位。一些草原旅游区的生活垃圾露天堆放和游客随意扔垃圾，垃圾随风吹散在蒙古包周围草原上，使草原的景观受到影响。在部分旅游区，由于工程规划建设不当，影响旅游区周围景观和谐及建筑原有风格意境，或把草原旅游区最美丽的草原景遮挡住。调查还发现，游客任意毁损旅游景观的行为时有发生，如游客对景物的随意刻画、涂抹，在不少景区留下了乱刻乱画的痕迹，破坏了旅游景观。

3. 生态系统的损害

旅游业的各种服务设施、公路、房屋建筑的过多占地（面积），游客采集攀折花草树木，人们的偷猎活动，使很多植被遭到破坏，野生动物的栖息地受到侵害，造成植物减少，干扰了生态系统中长期建立的群落结构和生物间关系。还有一些草原旅游区由于保护措施不够，缺乏合理的规划和科学引导，游客践踏频繁，车辆乱开，马匹乱跑，严重破坏草原植被，使一些地面裸露荒芜，土地沙漠化进程加快。被践踏的草地即使没有沙化，也产生了物种数量下降。同时，有些旅游活动安排在自然保护区的核心，影响了典型生态系统的保护，这已违反了我国自然保护方面的法律法规，应当引起注意。

4. 旅游资源的衰退

旅游资源特别是自然景观资源是大自然的一部分，其开发、利用、演化均会影响旅游资源的变化，如洪灾、沙尘暴的出现，会直接改变地区的面貌，甚至毁掉部分旅游资源。通常情况下的风吹日晒、寒暑变化、流水侵蚀、风蚀雨淋也会改变旅游资源的形态和性质，这是旅游资源的缓慢性退化。另外，如果过度开发或游客密集，会造成旅游资源品质的降低，如寺庙的一些壁画由于游客呼出的二氧化碳集聚造成颜色脱落过程加快。湖泊面积萎缩也是内蒙古自治区旅游资源衰退的重要现象，由于上游不合理的截流蓄水、高耗水的农田灌溉。上游植被的乱砍滥伐、草场的过度开发，造成了土地含水、保水能力减小，瞬间径流增大，湖泊水源补给量减少，湖泊萎缩甚至干涸。

5. 传统文化价值的减弱

旅游业的发展在促进传统文化传承与保护的同时，客观上也会对接待地的文化带来一定程度的影响。首先是游客的大量涌入，他们的思想意识、价值观念会通过其言谈举止潜移默化地作用于当地居民，随之影响到居民的生活习惯、消费模式，从而使传统文化被冲击，其价值有所减弱。如传统的民间习俗、礼仪、节庆活动都是在特定的时间、地点，按传统的内容和方式举行的。但是，不少旅游地的这些活动随着旅游业的开展逐渐被商品化，它们根据旅游者的需要随时被搬上“舞台”，活动的内容也往往被调整、被压缩、被删除，活动的节奏明显加快，这虽然向更多的人展示了传统文化，但如果不采取必要的保护措施，有可能导致其传统意义与价值的减弱乃至丧失。

（二）旅游资源保护原则与措施

1. 保护原则

内蒙古自治区旅游业的发展要结合自治区的实际情况，以实现自治区旅游业的可持续发展为目标，针对自治区生态环境面临的主要矛盾和旅游发展过程中出现的关键问题，加强旅游资源与生态环境的保护与管理，为旅游业的健康持续发展创造良好的生态环境条件，为创建旅游经济强区奠定基础，实现旅游经济建设与环境保护协调发展。具体依据以下几个原则加以保护：

（1）保护优先原则。保护有价值的自然与文化景观资源以及生态环境，是维护生物多样性及合理开发利用资源的前提，是旅游业可持续发展的基础，故应遵循生态规律，将保护置于优先地位，内蒙古自治区生态环境的相对脆弱性，更需要强调保护。

（2）依法保护原则。严格执行国家和内蒙古自治区有关风景名胜区、自然保护区、森林公园、文物保护、水土保持、污染防治和资源保护等方面的法律、法规和条例，妥善处理环境保护与旅游开发的相互关系，坚持保护为主，开发为辅，以达到旅游业可持续发展的目标。

（3）强化管理原则。所有旅游开发项目必须执行环境影响评价制度、“三同时”环境管理制度、旅游环境保护目标责任制度、排污收费许可证制度、城市环境综合整治定量考核制度、环境保护“一票否决”制度等，切实加强环境管理。

（4）综合防治原则。坚持系统开发，综合防治的原则，以治理土地荒漠化、水土流失为重点，建设、治理、保护并重，植树与种草齐抓，生物措施、工程措施、农艺措施并举，山水田林草路综合防治，建立起良性的生态系统，改变单纯保护为“保护”和环境“培育”的综合保育观念。

（5）科学合理原则。采用现代化的管理和技术手段，建立旅游环境信息监测网络和科技支撑体系，提高旅游生态环境和管理水平；同时根据不同区域的生态敏感性进行分区管理，利用先进技术手段对旅游活动带入生态系统的额外物质和能量进行分区管理，在保护生态环境的前提下有节律地扩大旅游规模。

（6）可持续发展原则。在有效保护的前提下，得以优化开发与永续利用，不为局部或眼前利益所驱动，坚持近期利益与长远利益相统一，局部利益与全局利益相兼顾，切实贯彻“开源与节流并举”、“实施多目标开发、综合利用”、“开发利用与再生增殖、换代补偿”、“保护旅游资源与环境、维护自然生态破坏”、“旅游资源有偿使用”等可持续发展的理念。

（7）点面结合原则。根据全区生态环境现状和旅游经济发展的需求进行统一规划，按照统一监督、分工负责的原则组织实施。紧紧抓住自治区重点地区和突出生态环境问题，点面结合，分类指导，分区推进，重点突破，典型示范与全面治理相结合，最终实现自治区生态环境的彻底改善。

2. 保护措施

内蒙古自治区旅游资源与生态环境保护的重点和措施：加强区域性旅游环境污染的治理；建立自治区旅游环境监测体系；注重旅游与其他行业协调发展；重视农村牧区环境保护；加强生态示范区建设；营造良好的旅游社会文化环境。对于不同类型的景区旅游资源要采取以下措施区别对待。

（1）地文景观类景区旅游资源的保护。在以观赏地文景观为主的旅游区，必须做好地质灾害危险性评估和工程勘察工作，杜绝人为活动诱发地质灾害，严禁开山炸石、开矿、取土、毁林开荒等破坏植被和景观的行为，保持地质地貌景观和自然植被的原始风貌和整体性与观赏性。在景区内修建道路和必要旅游设施等要统一规划，精心设计，尽量与周围的地文景观环境相协调。开发旅游项目应进行建设项目环境影响评价工作，建筑所需石材、采石场应安排在景区之外开发。应规定并告示旅游者不能随地乱扔垃圾，而应将其集中处理或掩埋，还应提醒旅游者不要在岩石上乱刻乱画。

（2）草原景观类景区旅游资源的保护。内蒙古自治区是以大草原著称的省区，建有大批草原旅游景观类型景区，但由于草原生态系统的脆弱性，对人为干扰较为敏感，所以一定要加强对此类景区旅游资源的保护，避免生态环境的恶化。建议修建游客服务中心，向游客展示景区的资源与环境，介绍生态知识，增强游客生态意识，自觉保护生态环境；加强对游客的宣传教育，严格禁止在草原旅游区进行挖掘草根、肆意踩踏等可能对造成破坏的活动；进行合理的功能分区，对主要道路进行硬化，避免游客与马匹在草原上无序活动；景区内的草原应实行轮作休养制度，在休养期间，实行围封禁牧，禁止游客、马匹等入内践踏，为草类植物生长和草原恢复创造条件，休养期限可以根据草原生长状况灵活掌握，开发利用的草地部分，利用周期不能过长，一般以一个旅游季节为限；有些人为干扰较为严重的地段，可以积极发展人工种草，实施草原建设工程，提高草地质量。

（3）森林景观类景区旅游资源的保护。保护森林资源是森林景观类景区管理的重要任务：①严禁任何破坏天然林木生长行为在景区出现，在修建道路、建造房屋时，要科学规划、精心设计，尽量减少对森林的砍伐；②建立统一的森林管护机构，配备专职管护人员；③制定系统完善的景区森林保护条例；④加强对游客的宣传和引导工作，教育游客不要随意摘花折木。在尊重自然规律的基础上，加快、加强林草建设，治理水土流失，增加地面植被，风景区坡度在25°以上的坡地逐步退耕还林还草，实现旅游区绿化美化。森林里栖息着相当数量的野生动物，应严格执行《野生动物保护法》等国家有关保护野生动物的法律、法规，坚决打击滥捕乱杀，走私贩卖等违法活动。要划定核心保护区域，禁止开展任何旅游活动，确保珍稀濒危野生动物的繁衍。

（4）民族风情旅游资源的保护。内蒙古自治区是以蒙古族为主体的少数民族地区，是民俗风情旅游资源大区，他们的生活习惯、生产方式、居住样式、节庆典礼、传统服饰、烹调技艺、宗教信仰、工艺特点、音乐歌舞等丰富多样，被誉为“歌的世界、舞的海洋、酒的故乡”，是具有神秘独特色彩、国内外享有盛名的高品位民俗风情旅游资源。这类民俗风情旅游资源应通过开发扶持的方式予以保护继承，并发扬光大，要把开发民族风俗旅游资源与保护民族优秀文化结合起来，才能使之具有鲜活的生命力，并带来持久的经济效益。因此，须借助当地政府和有关部门的行政机制予以督导和宣传，通过国家与地方的投资，在一些民族特色鲜明的地域，建立相对封闭的文化生态保护区，有限制地向游人开放，避免过多过滥的旅游活动造成对当地人传统生活的影响，并且抵制影视文化等大众传播媒介的同化，保持乡土文化的特性和淳厚的传统文化氛围。在抢救保护民族珍贵文化艺术（包括有形和无形文化）并把他们制成音像、书刊等资料的同时，还要在本民族中进行广泛宣传，使他人意识到文化传统的不可再造性和独特价值，强化其珍视与保护意识。对旅游管理部门及从业人员也要进行相关教育培训，提高他们的保护意识。

（5）文物古迹类景区旅游资源的保护。内蒙古自治区历史悠久，文化底蕴深厚，以文物古迹为代表的旅游区数量较多。如以元上都为代表的元文化遗址，为纪念成吉思汗修建的成吉思汗陵、成吉思汗庙以及相关历史遗迹，数量丰富的召庙等，这些历史的遗存与见证，是蒙古族人民的珍宝和财富，也是内蒙古自治区发展旅游业的重要物质基础，必须坚持贯彻执行“抢救第一、保护为主、合理开发、永续利用”的方针，严格遵守“修旧如旧”的原则，不可随意拆迁和异地复制。不能人为地增减古迹和所谓装修，也不宜在古建筑附近建造与之不相称的建筑物和项目，确实需要维修的，应遵循“两保持、两保存”的原则，即保持原来的形制、结构，保存原来的材料、工艺的原则。对某些目前无条件难以修复的历史遗迹，与其整修得不伦不类，不如保持真实的残缺原貌，切实保护好文物古迹。

（6）旅游区环境质量的维护。旅游区内自然资源及良好的生态环境是旅游开发的物质基础和制约条件。景区之所以引人入胜，就在于它环境优美、空气清新、阳光灿烂、气候宜人。保护环境、维持生态平衡，是旅游区发展的前提。景区内分期建成沥青路面和水泥路面，严格控制机动车辆出入，限制汽车排放废气标准者进入景区。在可能的前提下，停车场、公路两边尽量栽植能吸收有毒尘埃、净化大气的树种，扩大绿化面积，提高绿化质量。新建的各类旅游设施，要做到工程建设与绿化美化同步进行，开路炸石形成的创伤面及废土石方，要尽快恢复植被。旅游区范围内的生活污水、厕所污水经过严格处理达到国家的排放标准之后，进行综合利用或排放。不准将垃圾、纸屑丢入河湖之中污染其水质。湖泊与水库上的游船，限制安装和使用小吨位挂机，积极推广使用电瓶船和划浆船，要杜绝燃油机动船只跑、滴、露油现象。在游道、休息区等一切公共场所与游览场所根据需要设垃圾箱，垃圾箱要分类，要美观大方。组织清洁队清理垃圾，并将垃圾按环保部门指定的地方进行有机物、无机物分类堆积，实行综合利用和进行资源化、无害化处理。在景区内禁止使用大功率广播喇叭和广播宣传车，不允许播送高分贝音乐。驶入景区的机动车辆，应安装消声装置和符合规定的喇叭，音量超标的车辆不准进入景区。

（7）加强旅游区环境保护的管理。要加大与旅游环境保护相关法律、法规、制定的执行力度，做到有法必依，执法必严，违法必究，努力防止和减少旅游区的人为生态环境破坏。应当把旅游区资源和环境保护纳入到内蒙古自治区环境保护计划及旅游业发展战略之中；在全区各加强推广实施 ISO14000 标准；建立旅游区规划、开发改造的环境影响评价制度；建立旅游及有关企事业单位在进行新建、改建、扩建工程时，对其中的环保工程同时设计、同时施工、同时投产的旅游环境管理制度；制定游客游览环保指南，重点旅游区设置旅游警察和生态监察员；在自然保护区、风景名胜区、森林公园和地质公园中推广环境保护定量考核制度，明确经营和管理者的环境保护责任；应用经济手段加强环境保护工作，开征旅游保护税、旅游资源税和建立旅游发展基金。加大宣传力度，广泛开展内容丰富、形式多样的旅游环境保护教育与可持续教育，增强旅游开发者、旅游经营管理者和旅游者的环境保护意识，积极推进文明旅游。

参考文献

［1］王玉海．内蒙古自治区旅游业发展的历史考察与现状思考［J］．内蒙古大学学报（哲学社会科学版），2009（1）．

［2］内蒙古自治区旅游局．2013 内蒙古自治区旅游统计便览．

［3］杨智勇．内蒙古旅游产业发展的 SWOT 分析［J］．经济论坛，2011（6）．

［4］内蒙古自治区旅游局．2014 内蒙古自治区旅游工作意见．

［5］张德荣，崔俊梅．内蒙古旅游业发展现状及对策的探讨［J］．内蒙古自治区统计，2012（1）．

［6］庞羽．内蒙古旅行社业发展的战略思考［J］．内蒙古师范大学学报（哲学社会科学版），2014（3）．

［7］李玲．携程投资同程、途牛在线旅游将进入寡头时代?（第 11 版）［N］．中国旅游报，2014－05－05.

［8］屈丽丽．途牛同程口水战：商业模式是关键（第 C02 版）［N］．中国经营报，2014－11－12.

［9］内蒙古自治区统计局．内蒙古自治区统计年鉴［M］．中国统计出版社，2012.

［10］内蒙古自治区旅游局．2011 年 3 月内蒙古自治区旅游企业名录［Z］．内部统计资料．

［11］宋玉蓉．中国旅行社发展差异的空间特征分析［J］．四川师范大学学报（社会科学版），2009（5）．

［12］李玲．自由行市场的现状与挑战（第 11 版）［N］．中国旅游报，2013－02－18.

［13］张晓雯，陈炜．内蒙古自治区入境旅游市场分析及发展对策［J］．旅游市场，2012（4）．

［14］王平．浅析旅游饭店员工高流失率原因与对策［J］．青年文学家，

2011（9）.

［15］呼和浩特旅游局.2011年4月份旅游人力资源统计表［Z］.内部统计资料.

［16］单浩杰.内蒙古自治区旅游人才供需现状探析［J］.内蒙古师范大学学报（哲学社会科学版），2013（5）.

［17］中国旅游研究院.中国旅游景区发展报告（2014）［M］.旅游教育出版社，2014.

［18］中国旅游研究院.2014中国旅游经济运行分析与2015年发展预测.

［19］内蒙古自治区旅游局.内蒙古自治区旅游企业名录2014.

［20］内蒙古自治区旅游局.2014年内蒙古自治区旅游统计年度报告，2015.

［21］内蒙古自治区旅游局.2014年内蒙古自治区A级旅游景区发展报告，2015.

［22］殷平等.高速铁路与旅游业：成果评述与经验启示［J］.旅游学刊，2012（6）.

［23］汪宇明.基于大区域尺度的大众交通旅游职能效应［J］.经济地理，2007（2）.

［24］杨新军，霍云霈.旅游交通的环境影响研究［J］.干旱区资源与环境，2006，20（1）.

［25］杨瑞霞.交通与旅游发展的关系分析［J］.商业经济，2004（5）

［26］黄柯，祝建军，蒲素.我国旅游交通发展现状及研究述评［J］.人文地理，2007（1）.

［27］内蒙古自治区统计年鉴2014.

［28］张瑞敏，徐红罡.旅游交通研究述评［J］.桂林旅游高等专科学校学报，2005（6）.

［29］卞显红，王苏洁.交通系统在旅游目的地发展中的作用探析［J］.安徽大学学报（哲学社会科学版），2003（6）.

［30］岳燕祥.交通发展与旅游产业布局的互动关系研究［M］.北京交通大学出版社，2011.

［31］赵瑜等.旅游交通［M］.中国铁道出版社，2002.

［32］王兆峰.旅游交通对旅游产业发展影响的实证分析［J］.财经理论与实践，2009（4）.

［33］曼玥.传统旅行社与旅行服务新业态的融合发展成为趋势［EB/OL］.中国网，2014-12-05.